1 a)

·	4	40	8	80
20				
6				
			56	
				640

b)

:	3		60	
180		6		
	80			
300				50
			6	

c)

·			80	90
6	420			
				630
8				
			720	

2

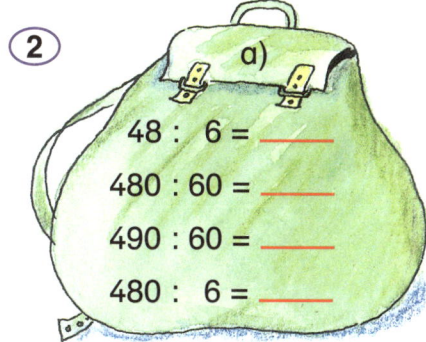

a)
48 : 6 = ____
480 : 60 = ____
490 : 60 = ____
480 : 6 = ____

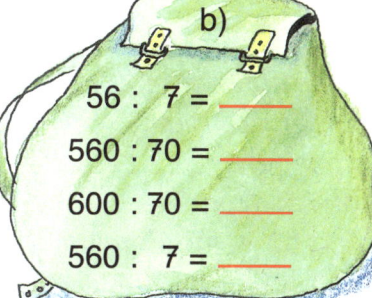

b)
56 : 7 = ____
560 : 70 = ____
600 : 70 = ____
560 : 7 = ____

c)
54 : 9 = ____
540 : 90 = ____
545 : 90 = ____
540 : 9 = ____

3

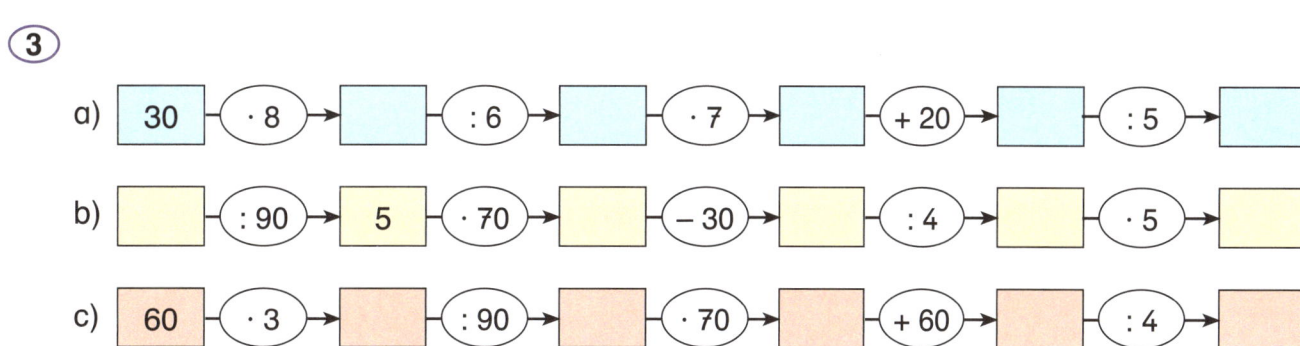

a) 30 → · 8 → ☐ → : 6 → ☐ → · 7 → ☐ → + 20 → ☐ → : 5 → ☐

b) ☐ → : 90 → 5 → · 70 → ☐ → − 30 → ☐ → : 4 → ☐ → · 5 → ☐

c) 60 → · 3 → ☐ → : 90 → ☐ → · 70 → ☐ → + 60 → ☐ → : 4 → ☐

⭐ **4** Verbinde mit der richtigen Zahl.

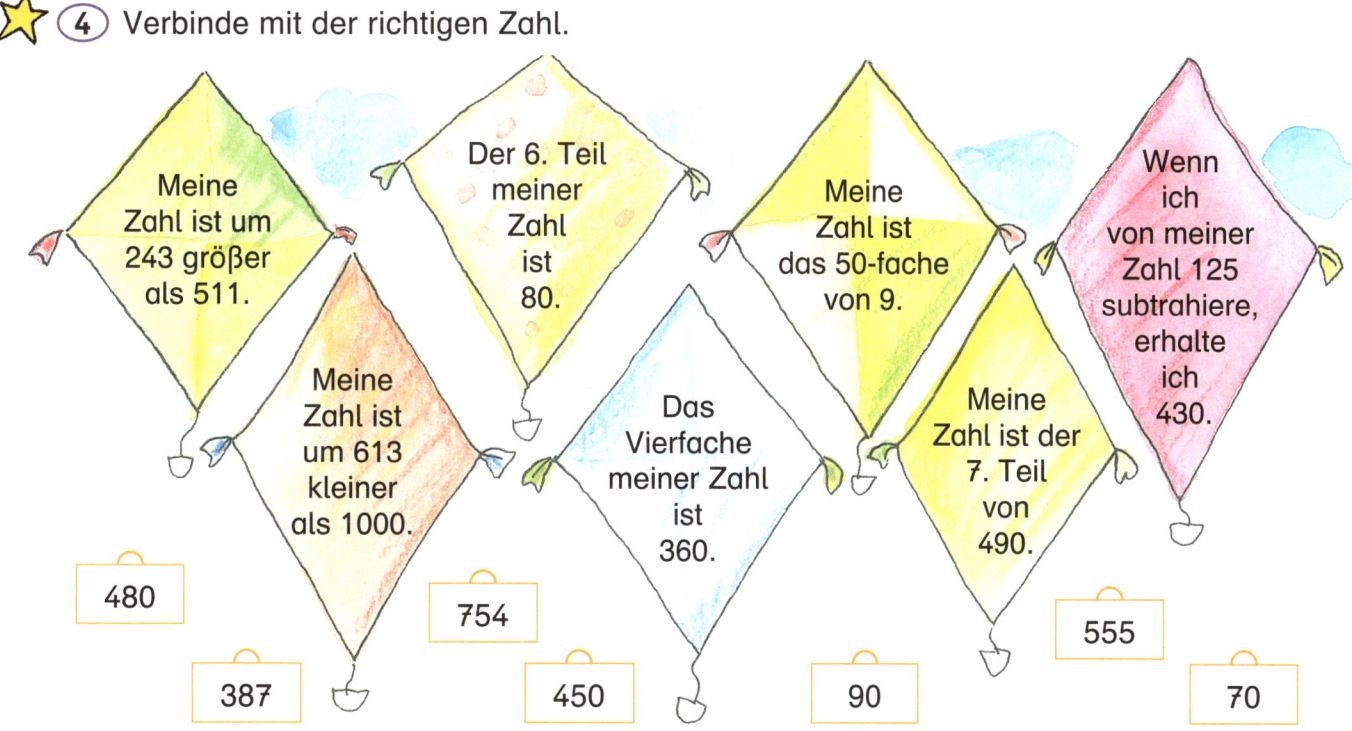

Meine Zahl ist um 243 größer als 511.

Der 6. Teil meiner Zahl ist 80.

Meine Zahl ist das 50-fache von 9.

Wenn ich von meiner Zahl 125 subtrahiere, erhalte ich 430.

Meine Zahl ist um 613 kleiner als 1000.

Das Vierfache meiner Zahl ist 360.

Meine Zahl ist der 7. Teil von 490.

480   754   555

387   450   90   70

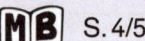
① Rechenfragen und andere Fragen

In den Sommerferien besuchen Herr und Frau Kunert mit ihrer 9-jährigen Tochter und dem 12-jährigen Sohn das 102 m hohe Atomium in Brüssel. Errichtet wurde es als Wahrzeichen der Weltausstellung im Jahr 1958. Es besteht aus 9 Kugeln, von denen 6 begehbar sind. Diese sind miteinander über schräge, 23 m lange Rohre verbunden und über Rolltreppen in diesen Rohren zu erreichen.

⊗ Kreuze die Rechenfragen an und löse die Aufgaben.

○ Wann wurde das Atomium errichtet? _____

○ Wie viele Jahre sind seit der Eröffnung der Weltausstellung vergangen? _____

○ Wie viele Kugeln hat das Atomium? _____

○ Wie viel muss Herr Kunert für seine Familie als Eintritt bezahlen? _____

Eintritt	
Erwachsene:	9 €
Schüler ab 12 Jahren:	6 €
Kinder:	0 €

② Richtige und falsche Antworten

In den Ferien besucht Familie Kunert auch noch den Eiffelturm in Paris. Der Eiffelturm wurde 1889 nach 2-jähriger Bauzeit das Wahrzeichen der Weltausstellung in Paris. Der Turm ist 300,65 m hoch, mit Antenne sogar 324 m. Die höchste Aussichtsplattform befindet sich in 276 m Höhe. Zu Fuß oder mit dem Fahrstuhl kann man auf die beiden ersten Plattformen gelangen. In die 3. Etage fährt nur noch ein Fahrstuhl.

Überprüfe die Antworten auf ihre Richtigkeit, kreuze an.

	richtig	falsch
Der Baubeginn des Eiffelturms war im Jahre 1887.	○	○
Zwischen den Weltausstellungen in Paris und Brüssel liegen 60 Jahre.	○	○
Der Eiffelturm ist mit der Antenne 198 m höher als das Atomium.	○	○
Die Antenne hat eine Länge von ca. 23 m.	○	○
Mit dem Fahrstuhl kann man direkt nur bis in die zweite Etage gelangen.	○	○
Von der Weltausstellung in Paris bis heute sind mehr als 115 Jahre vergangen.	○	○

> Manche Informationen findest du in Aufgabe 1.

Inhaltsverzeichnis

© Oldenbourg, Zahlenzauber 4 AH

1 Tausenderfreunde: Ergänze auf 1000.

620 240 415 345

907 45 820 290 111

2 Zahlenmauern

a)
```
      800
    460
  120
```

b)
```
        225
  105       75
```

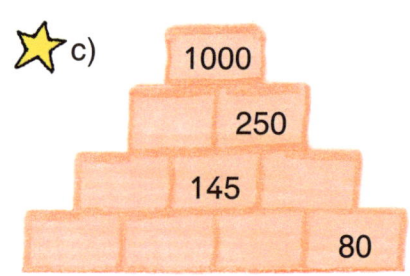

⭐ c)
```
        1000
          250
      145
            80
```

3 Rechendreiecke

a)
```
[ ]        179
  140   29
    [ ]
```

b)
```
[ ]   430   540
       210
```

c)
```
450          [ ]
       135
  460
```

d)
```
380   160   340
        [ ]
```

4 Rechne und verbinde mit der Ergebniszahl.

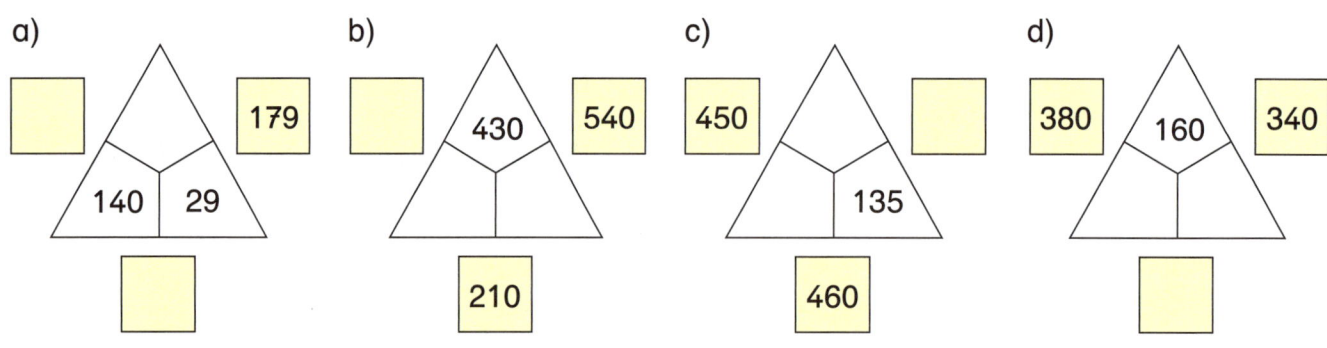

578 + 346

409 + 376

523 + 477

708 − 529

287 + 645

672 − 384

812 − 684

983 − 407

1000 − 407

783 + 198

981

1000

924

576

179

593

785   128   932   288

1 Ergänze die Tabelle.

	T	H	Z	E	
⬜	1	0	0	0	
⬜⬜⬜	1	2	0	0	
⬜—					1 010
	1	0	0	1	
					2 005

2 Wie heißen diese Zahlen? Ergänze die Tabelle.

5 E 6 H 1 T 3 Z

1 H 1 T 6 E

2 T 4 E 2 Z 3 H

6 Z 1 T 2 E

T	H	Z	E
•	⁞⁞	⁞	⁞⁞

_____

_____

_____

_____

Findest du alle 6 Möglichkeiten?

3 Male immer 2 Plättchen dazu. Welche Zahlen entstehen?

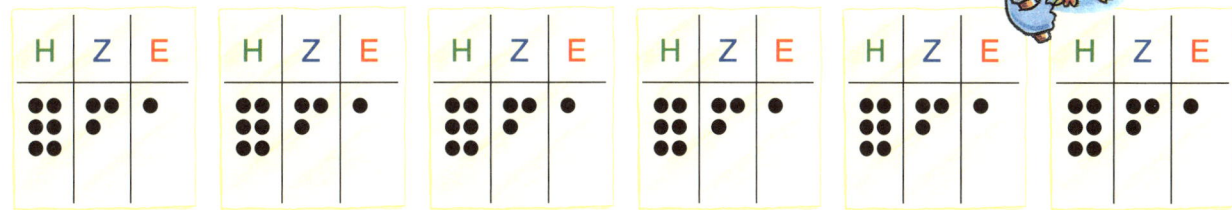

_____ _____ _____ _____ _____ _____

4 Färbe den Stellenwert, der sich verändert hat. Berechne den Unterschied.

a)
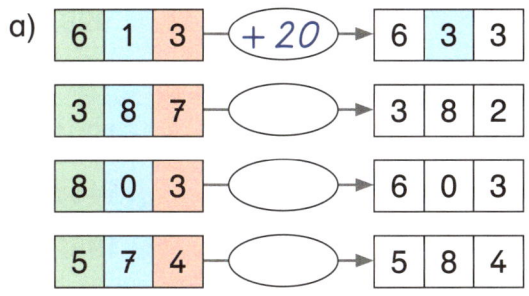

6 1 3 → +20 → 6 3 3

3 8 7 → ◯ → 3 8 2

8 0 3 → ◯ → 6 0 3

5 7 4 → ◯ → 5 8 4

b)
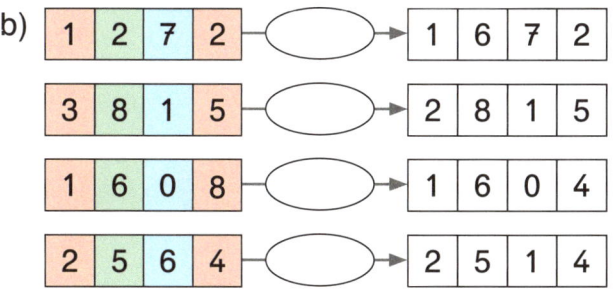

1 2 7 2 → ◯ → 1 6 7 2

3 8 1 5 → ◯ → 2 8 1 5

1 6 0 8 → ◯ → 1 6 0 4

2 5 6 4 → ◯ → 2 5 1 4

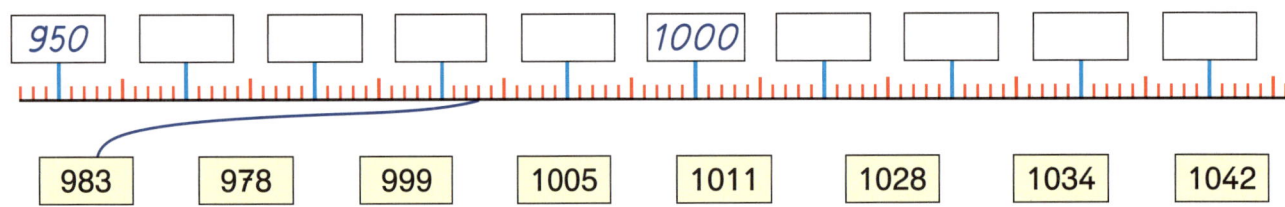
① Trage die fehlenden Zahlen ein und ordne die Kärtchen zu.

| 950 | | | | | 1000 | | | | |

| 983 | 978 | 999 | 1005 | 1011 | 1028 | 1034 | 1042 |

② a) Trage die fehlenden Zahlen in die Kästchen ein.
Schreibe alle geraden Zahlen auf,
die du unter der Lupe siehst.

1 268, 1 270,

a)   1270   1280

b) Trage die fehlenden Zahlen in die Kästchen ein.
Schreibe alle ungeraden Zahlen auf,
die größer sind als 1 794.

b)   1790   1810

c) Trage die fehlenden Zahlen in die
Kästchen ein. Schreibe alle geraden
Zahlen auf, die du unter der Lupe siehst.

c)   1990   2000

③

Vor-gänger	Zahl	Nach-folger
997	998	999
	769	
	1201	
	1488	
	1982	

Nachbar-zehner	Zahl	Nachbar-zehner
	998	
	769	
	1201	
	1488	
	1982	

Nachbar-hunderter	Zahl	Nachbar-hunderter
	998	
	769	
	1201	
	1488	
	1982	

① 4 + 3 = _____   6 + 7 = _____   2 + 8 = _____

   14 + 3 = _____   16 + 7 = _____   12 + 8 = _____

   114 + 3 = _____   116 + 7 = _____   112 + 8 = _____

   1 114 + 3 = _____   1 116 + 7 = _____   1 112 + 8 = _____

② 50 + 40 = _____   70 + 30 = _____   30 + 60 = _____

   500 + 40 = _____   700 + 30 = _____   300 + 60 = _____

   550 + 40 = _____   770 + 30 = _____   330 + 60 = _____

③ 400 + 300 = _____   300 + 600 = _____   200 + 700 = _____

   1 400 + 300 = _____   1 300 + 600 = _____   1 200 + 700 = _____

④ 90 – 50 = _____   70 – 60 = _____   80 – 30 = _____

   900 – 50 = _____   700 – 60 = _____   800 – 30 = _____

   990 – 50 = _____   770 – 60 = _____   880 – 30 = _____

⑤ 900 – 600 = _____   700 – 500 = _____   800 – 300 = _____

   1 900 – 600 = _____   1 700 – 500 = _____   1 800 – 300 = _____

> Das kann ich alles im Kopf lösen.

⑥ Zahlenrätsel

Bilde die größte gerade Zahl, die kleiner ist als 2 000.

_____

Bilde aus den Ziffern 1, 4, 5, 8 die Zahl, die am nächsten an 1 700 liegt.

_____

Die Zahl liegt zwischen 1 000 und 2 000. An der Einer- und an der Tausenderstelle steht die gleiche Ziffer. Es kommt noch zweimal die 5 vor.

_____

⑦ Zweitausender-Freunde

1620   1240   1415   1345

907   45   820   290   111

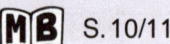
1 Die Entwicklung des Fahrrads

a) Trage die fehlenden Zahlen auf der Zeitleiste ein.
Verbinde die Bilder mit dem Jahr der Erfindung.

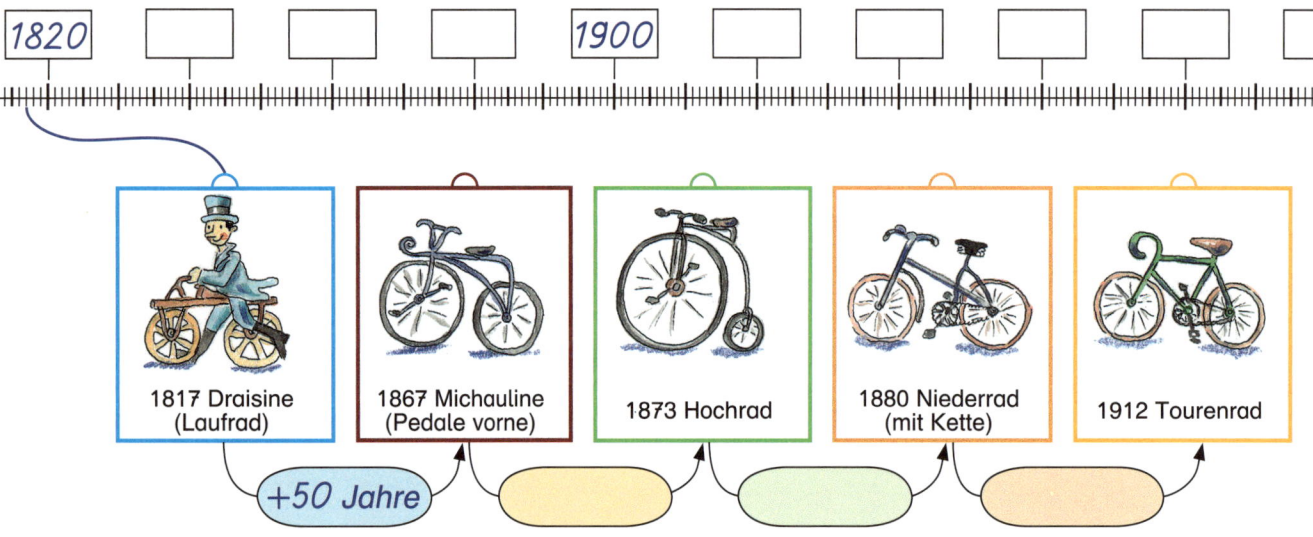

| 1820 | | | | 1900 | | | | | |

1817 Draisine (Laufrad) · 1867 Michauline (Pedale vorne) · 1873 Hochrad · 1880 Niederrad (mit Kette) · 1912 Tourenrad

+50 Jahre

b) Wie viel Zeit verging von einer Erfindung bis zur nächsten?
Trage oben die Jahre ein.

c) Wie viele Jahre sind bis heute seit jeder Erfindung vergangen?

Erfindung	Jahr	vergangene Zeit bis heute
Draisine	1817	
Michauline		
Hochrad		
Niederrad		
Tourenrad		

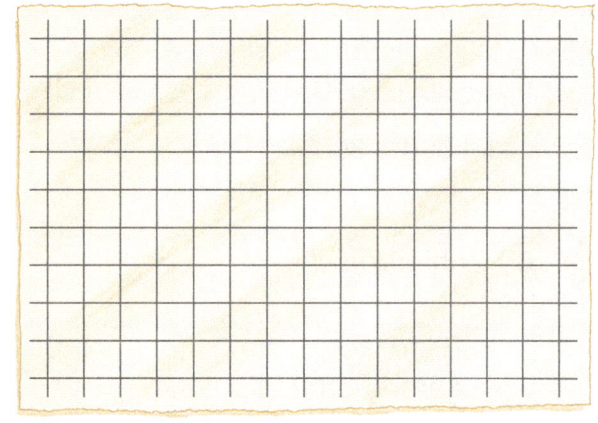

2 Berühmte Bauwerke

a) Wie lange war die Bauzeit dieser Bauwerke?

b) Vor wie vielen Jahren wurden die Bauwerke fertiggestellt?

Berlin
Brandenburger Tor
1788–1791

Ulmer Münster
1377–1890

Turm von Pisa
1173–1360

Kölner Dom
1248–1880

Bauzeit: _____3 Jahre_____   _____   _____   _____

Alter: _____   _____   _____   _____

8

① Ergänze die Zahlenhäuser und verbinde mit den passenden Bauplänen.

444

400 + 44

380 + _____

_____

340 + 104

1250 + 750

1300 + 700

_____

_____

635 + 490

630 + 495

_____

_____

Die 1. Zahl wird
um 50 vergrößert,
die 2. Zahl um
50 verkleinert.

Die 1. Zahl wird
um 5 verkleinert,
die 2. Zahl um
5 vergrößert.

Die 1. Zahl wird
um 20 verkleinert,
die 2. Zahl um
20 vergrößert.

② Vereinfache die Aufgaben so, dass du leicht rechnen kannst.

624 + 198 = _____

863 + 195 = _____

999 + 1001 = _____

_____

_____

_____

1103 + 864 = _____

1655 + 245 = _____

1014 + 186 = _____

_____

_____

_____

③ Rechne auf deinem Weg. Du kannst die Aufgaben auch im Kopf lösen.

581 + 291 = _____

1321 + 179 = _____

1088 + 224 = _____

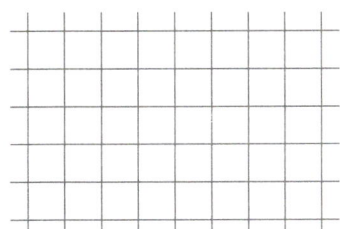

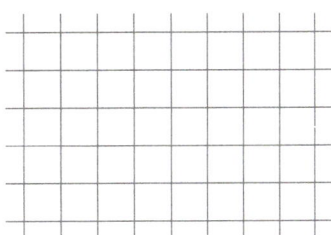

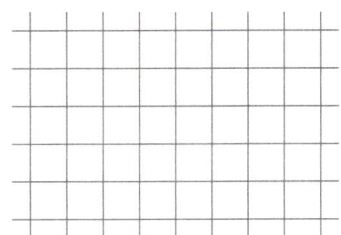

189 + 732 = _____

552 + 1098 = _____

1376 + 596 = _____

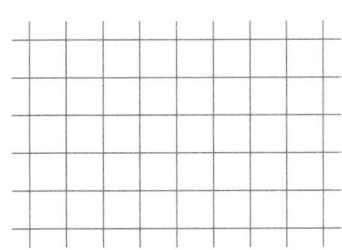

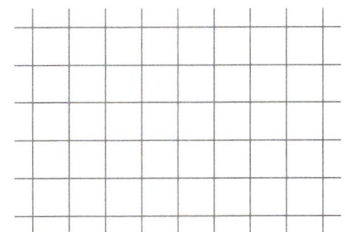

① Ergänze die Zahlenhäuser und verbinde mit den passenden Bauplänen.

637 – 490

642 – _____

_____

_____

705 – 669

700 – 664

_____

_____

1 714 – 797

_____ – 800

_____

_____

Wenn ich die 1. Zahl um 5 verkleinere, muss ich auch die 2. Zahl um 5 verkleinern.

Wenn ich die 2. Zahl um 3 vergrößere, muss ich auch die 1. Zahl um 3 vergrößern.

Wenn ich die 1. Zahl um 5 vergrößere, muss ich auch die 2. Zahl um 5 vergrößern.

② Vereinfache die Aufgaben so, dass du leicht rechnen kannst.

405 – 296 = _____

586 – 193 = _____

997 – 218 = _____

_____

_____

_____

1 217 – 198 = _____

1 792 – 298 = _____

1 998 – 1 009 = _____

_____

_____

_____

③ Rechne auf deinem Weg.

Ich löse alle Aufgaben im Kopf.

916 – 595 = _____

703 – 664 = _____

797 – 668 = _____

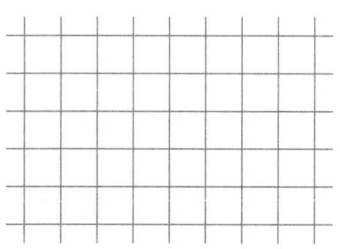

1 024 – 996 = _____

1 892 – 398 = _____

2 004 – 1 996 = _____

Schriftlich addieren und subtrahieren

1 Rechne schriftlich.

```
    3 4 6          6 8 9        1 3 4 6        1 0 1 0        1 6 5 4
  + 4 6 9        + 5 1 3      -   5 8 9      -   8 1 7      -     9 3
```

2 Schreibe untereinander und rechne.

Worauf musst du hier achten?

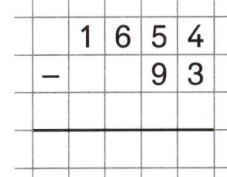

a) 1208 + 396   b) 1395 + 286   c) 593 + 1407

d) 1953 − 636   e) 1017 − 459   f) 1808 − 698

3 Rechne Aufgabe und Umkehraufgabe.

a)

```
    9 1 2      2 7 5          8 4 6                    1 0 1 0
  - 6 3 7    + 6 3 7        - 5 8 3                  -   6 1 7
```

b)

```
    9 0 8                  3 1 7                    4 7 8
  + 9 5 8                + 4 8 6                + 1 3 5 6
```

4 a)

```
  ☐          316        ☐
+ 352      +  ☐      + 1528
─────      ─────      ──────
  826        754        1978
```

b)

```
  1 ☐ 5 9      1 8 ☐ 6      1 1 ☐ 6
-   7 ☐ 2    -  ☐ 2 7    -    ☐ 3 8
─────────    ─────────    ─────────
    3 2 ☐      1 7 5 ☐      1 0 4 ☐
```

© Oldenbourg, Zahlenzauber 4 AH

①

			4				8		
	12								

a) Trage in die Tafel alle Zahlen des 4er-Einmaleins bis 100 ein.

b) Färbe alle Zahlen des 8er-Einmaleins gelb.

c) Trage jetzt alle Zahlen des 3er-Einmaleins bis 100 ein.

d) Rahme alle Zahlen des 6er-Einmaleins grün ein.

e) Schreibe alle Zahlen auf, die in jeder der 4 Einmaleins-Reihen vorkommen.

Diese Zahlen nennt man gemeinsame Vielfache.

_____

② Fülle die Lücken.

Beim Multiplizieren mit 10 werden aus den Einern _____ und aus den

Zehnern werden _____. In der Stellenwerttafel rücken beim Multiplizieren

mit 100 alle Stellen um _____ Stellen nach _____.

Bei den Einern und Zehnern steht dann jeweils eine _____.

③ Rechne zuerst die kleine Aufgabe.

a)
$7 \cdot 400 =$ _____	$8 \cdot 700 =$ _____	$9 \cdot 600 =$ _____
$7 \cdot 4 =$ _____	$8 \cdot 7 =$ _____	_____ $=$ _____

b)
$30 \cdot 40 =$ _____	$70 \cdot 30 =$ _____	$90 \cdot 60 =$ _____
$3 \cdot 4 =$ _____	_____ $=$ _____	_____ $=$ _____

④

·	3	30
3		
30		
6		
60		

·	5	50	10
8			
9			
10			1000
20			

·	6	60
2		
	24	
6		
10		

⑤ Eine sehr lange Tabelle! Finde weitere passende Zahlen.

:	2	20	200					
1 000								

1 Verbinde die Aufgaben mit dem gleichen Ergebnis.

2 · 14   5 · 20   8 · 8   2 · 18   6 · 9

4 · 9   4 · 7   3 · 18   10 · 10   4 · 16

2

·	10	7	17
3	30		

·	10	9	19
6			

·	10	5	
9			

·	10	3	
8			

·	10	4	
7			

·	10	6	
4			

3 Zu jeder Aufgabe gehören 2 Zerlegungsaufgaben. Verbinde.

63 · 3 = _____   30 · 6 = _____   8 · 2 = _____

37 · 6 = _____   8 · 20 = _____   3 · 3 = _____

4 · 48 = _____   60 · 3 = _____   7 · 6 = _____

8 · 22 = _____   4 · 40 = _____   4 · 8 = _____

4 Umfahre die Aufgaben, die du im Kopf rechnest.
Löse die restlichen Aufgaben halbschriftlich.

6 · 28 = _____   7 · 27 = _____   4 · 43 = _____   5 · 32 = _____

67 · 2 = _____   64 · 3 = _____   28 · 4 = _____   26 · 5 = _____

5 · 120 = _____   342 · 2 = _____   6 · 67 = _____   412 · 3 = _____

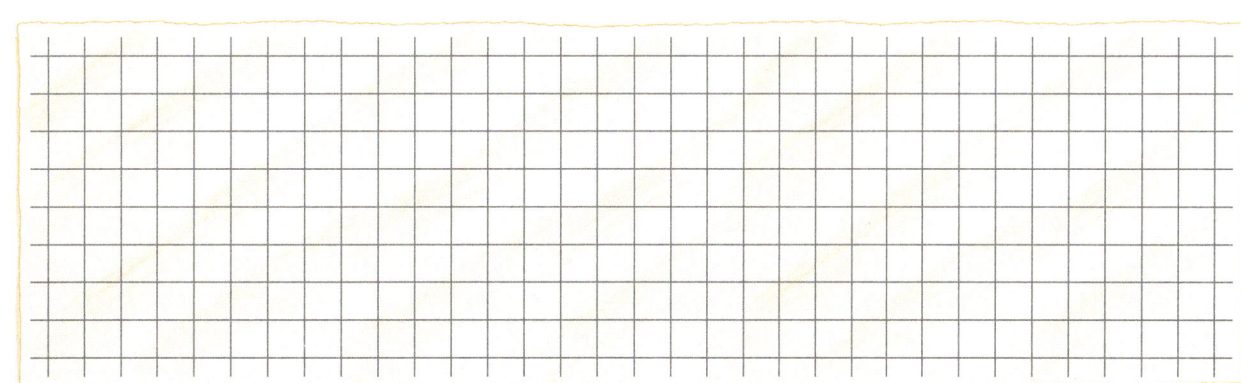

Halbschriftlich dividieren

1 Rechne auf deinem Weg.

156 : 6 = _____	444 : 6 = _____	588 : 6 = _____	210 : 6 = _____
245 : 5 = _____	255 : 5 = _____	185 : 5 = _____	495 : 5 = _____

2 Rechne. Es kann auch ein Rest bleiben.

636 : 6 = _____   235 : 5 = _____   816 : 8 = _____

315 : 7 = _____   368 : 8 = _____   525 : 5 = _____

462 : 7 = _____   552 : 9 = _____   365 : 6 = _____

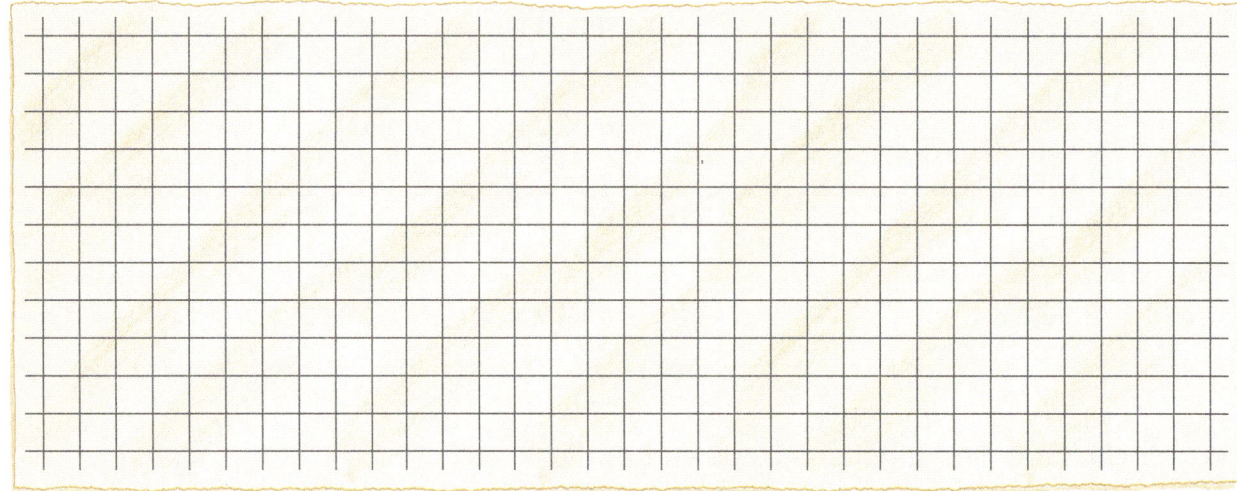

3 Rechne immer zuerst die einfachste Aufgabe.

360 : 6 = _____	427 : 7 = _____	624 : 8 = _____	990 : 9 = _____
354 : 6 = _____	434 : 7 = _____	640 : 8 = _____	954 : 9 = _____
348 : 6 = _____	420 : 7 = _____	656 : 8 = _____	972 : 9 = _____

Ich kann fast alles im Kopf rechnen.

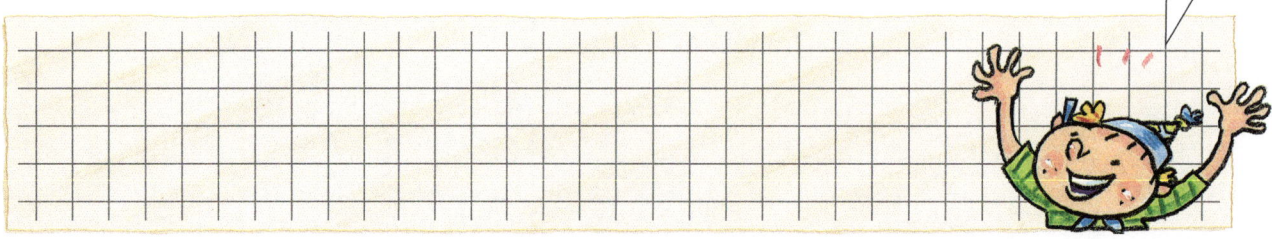

Kinder haben Teppiche ausgemessen und aufgezeichnet.
Hier sind verschiedene Teppiche verkleinert dargestellt.

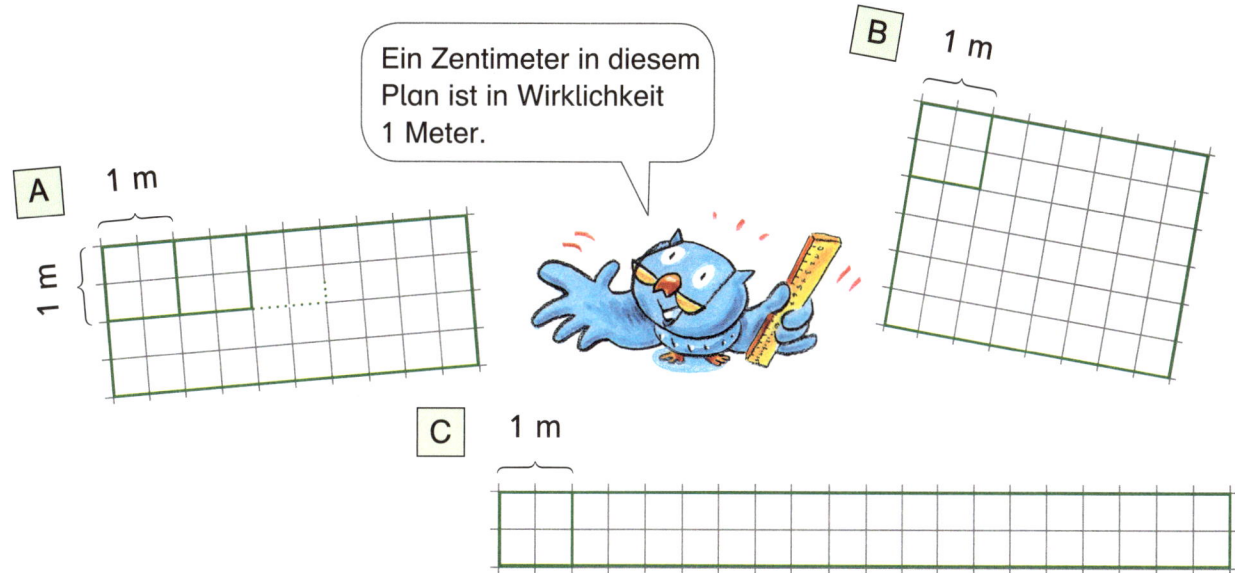

Ein Zentimeter in diesem Plan ist in Wirklichkeit 1 Meter.

A 1 m 1 m

B 1 m

C 1 m

1 Zeiche die Meterquadrate ein.
Wie groß ist die Fläche der Teppiche in Wirklichkeit?

Teppich A: _____ Meterquadrate

Teppich B: _____ Meterquadrate

Teppich C: _____ Meterquadrate

2 Bestimme den Umfang der Teppiche in Wirklichkeit.

Teppich A: _____ Meter

Teppich B: _____ Meter

Teppich C: _____ Meter

3 Welcher Teppich ist am teuersten?

Teppich	A	B	C
Kosten pro Meterquadrat	17 €	20 €	22 €

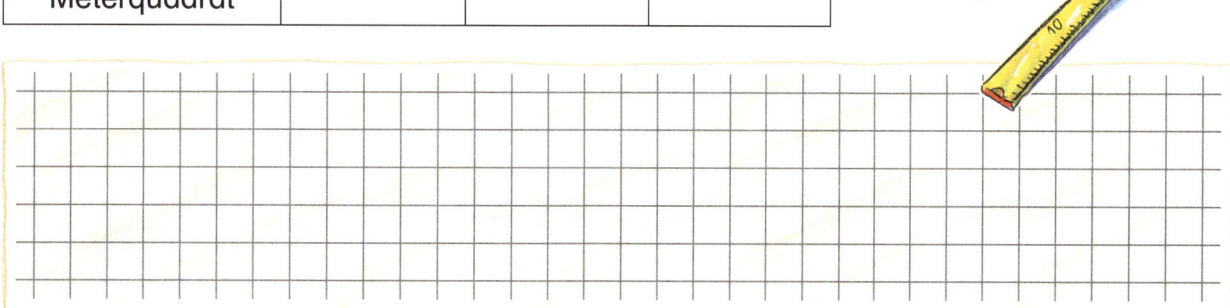

A: _____

© Oldenbourg, Zahlenzauber 4 AH

1 Zähle die Körper.

____ Würfel   ____ Quader   ____ Kegel   ____ Zylinder   ____ Kugeln   ____ Pyramiden

Färbe die Würfel blau, die Quader gelb, die Kegel rot,
die Zylinder braun, die Kugeln grün und die Pyramiden schwarz.

2 Wer sieht welches Gebäude so?

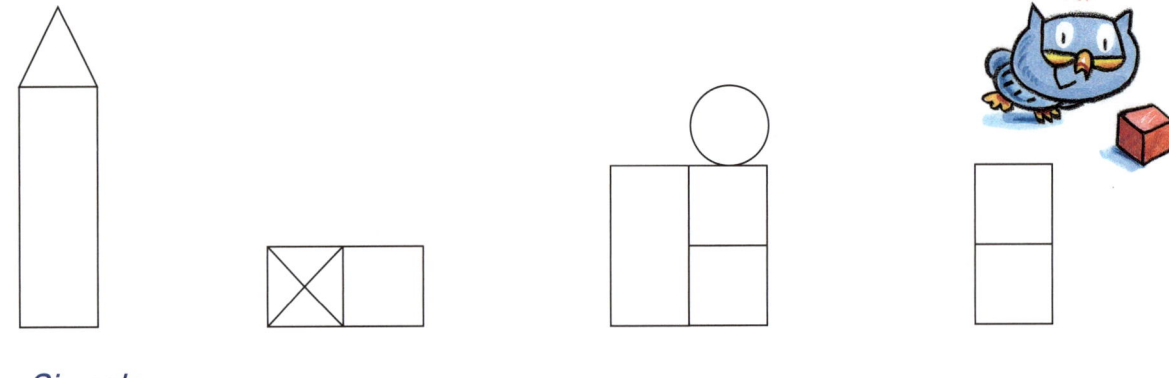

_C_ _Simsala_   ____   ....   ____   ....   ____   ....

____   ....   ____   ....   ____   ....

3 Erkennst du die Grundrisse?

a) 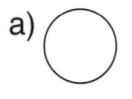   b) 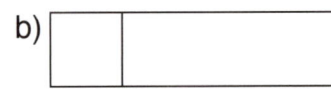   c) 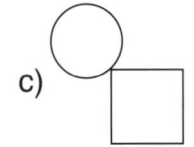   d) 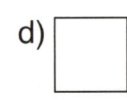 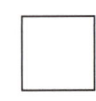   e)

_H_

1 Stefan kauft sich ein gebrauchtes _____ für _____.

Die _____ und der _____ kosten zusammen _____.

Dazu sucht er sich noch ____ Guppys aus. Ein Fisch kostet _____.

Stefan hat insgesamt _____ zur Verfügung. Reicht sein Geld?

a) Ergänze die fehlenden Textteile.

| Aquarium | Innenfilter | Heizung | 65 € | 90 € | 7,50 € | 200 € | 2 |

b) Rechne.

A: _____

2 Miriam und Jan haben insgesamt 35 € gespart. Sie möchten für ihr Aquarium noch dieses Zubehör kaufen.

7,95 €   3,95 €   1,95 €   Vitamintropfen 2,95 €   Scheibenreiniger 11,80 €

a) Wie viel kostet das Zubehör insgesamt?

A: _____

b) Reicht ihr Geld auch noch für eine Wasserpflanze zu 7,60 €?

A: _____

_____

3 ⭐

je 3,99 € FISCHFUTTER   Goldfisch je 8,95 €   50

a) Schreibe eine Rechengeschichte, in der alle Angaben vorkommen.

b) Rechne.

_____

_____

_____

_____

_____

_____

6 Schritte zur Lösung

MB S. 26/27

Zeichne Skizzen und löse die Aufgaben.

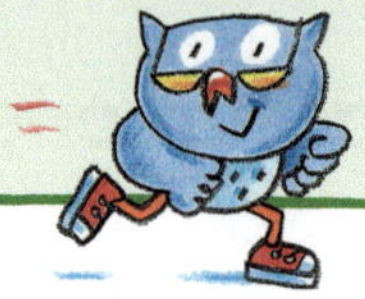

(1) Marlene hat um 13.15 Uhr Schulschluss. Für den Heimweg braucht sie 20 Minuten, für das Mittagessen eine halbe Stunde. Ein Spaziergang mit Bello dauert 45 Minuten. Für den Weg zum Kino plant sie 15 Minuten ein.

Wie viel Zeit bleibt Marlene für die Hausaufgaben, wenn die Vorstellung um 16 Uhr beginnt?

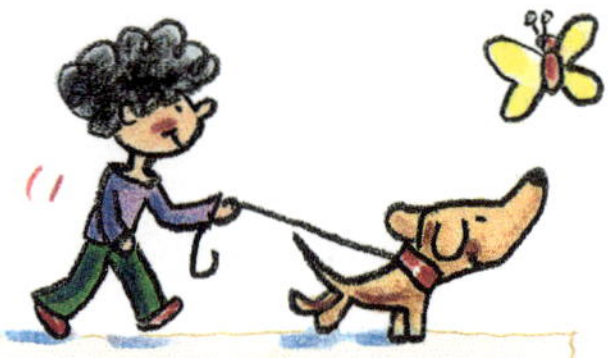

A: ______________________________

(2) Entlang eines 300 Meter langen Weges sollen auf beiden Seiten Bäume gepflanzt werden. Sie sollen im Abstand von 50 m stehen.

Wie viele Bäume werden benötigt?

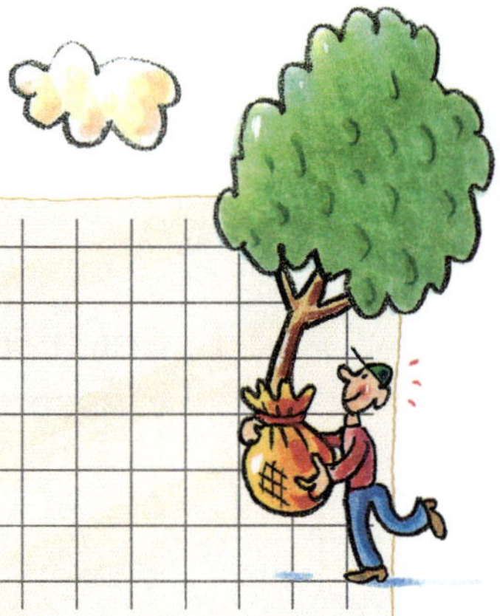

A: ______________________________

(3) Herr Ibrahim hat einen Baum gefällt.
Der Baumstamm hat eine Länge von 8,20 m.
Er soll in 4 gleich lange Stücke zersägt werden.

Wie lang wird jedes Stück?
Wie oft muss Herr Ibrahim sägen?

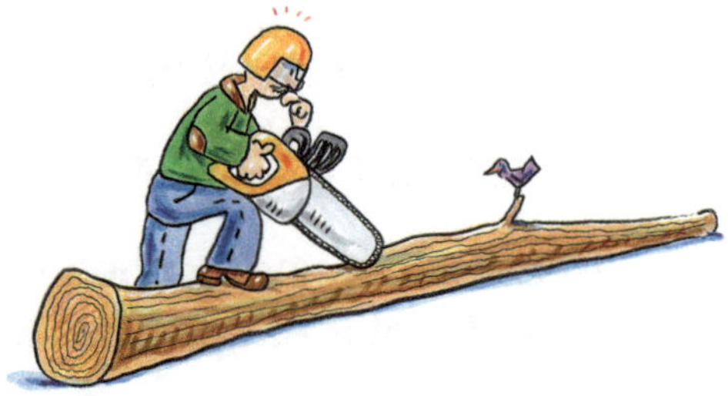

A: ______________________________

① Sophie geht um 14.00 Uhr von Dorfen
in das 3 km 750 m entfernte Hausheim.
In einer Minute schafft sie 80 m.
Zur gleichen Zeit geht Anna von Hausheim
in Richtung Dorfen. Sie schafft in
einer Minute 70 m.

Wann treffen sie sich? Zeichne und rechne.

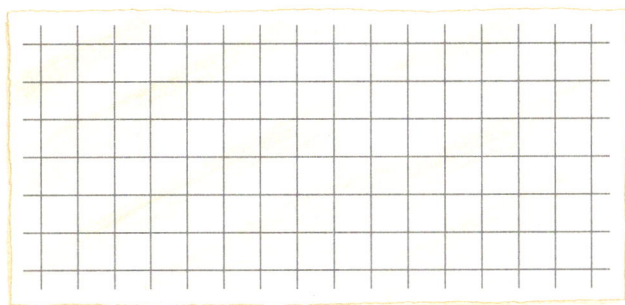

	Sophie	Anna	zusammen
1 min	80 m	70 m	
5 min			

A: _____

② Tim radelt um 10.00 Uhr von Talheim ins 45 km entfernte Bergdorf. Er fährt 18 km
in der Stunde. Paul startet um dieselbe Zeit von Bergdorf nach Talheim,
er fährt 12 km in der Stunde.

Wann treffen sie sich? Zeichne und rechne.

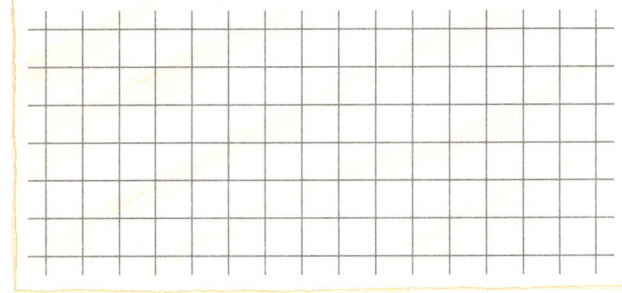

	Tim	Paul	zusammen
1 h	18 km	12 km	
30 min			

A: _____

③ Ein Autobahntunnel soll 4 200 m lang werden. 1 800 m sind bereits
fertiggestellt. Die Baufirma arbeitet von beiden Seiten gleichzeitig.
Täglich werden auf der einen Seite 32 m, auf der anderen Seite
28 m fertiggestellt. Nach wie vielen Arbeitstagen ist der Tunnel fertig?

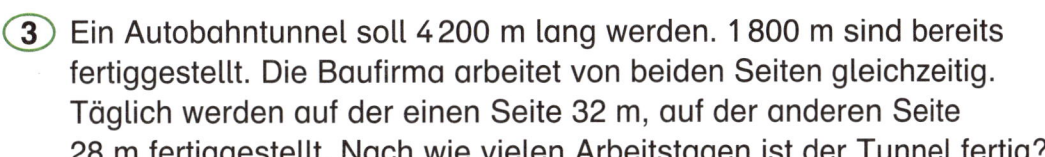

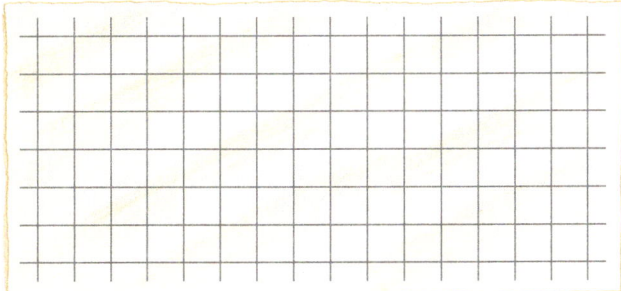

	eine Seite	andere Seite	zusammen
1 Tag	32 m	28 m	
10 Tage			

A: _____

① Stefan unterhält sich mit einem Bauern. Dieser erzählt ihm:
„Auf dem Bauernhof haben wir 85 Pferde und Kühe.
Es sind 31 Pferde weniger als Kühe."

Wie viele Tiere gibt es jeweils?

Ich probiere es einfach mal so.

Kühe	Pferde	Unter-schied
50	35	15
...	...	...

85 − 31 =

Ich kann es schnell rechnen.

A: _____

_____

② Stefan überlegt sich für seinen Bruder Thomas eine ähnliche Aufgabe:
„Zusammen haben wir 124 € gespart. Ich habe 26 € mehr als du.

Wie viel Geld hat jeder von uns?"

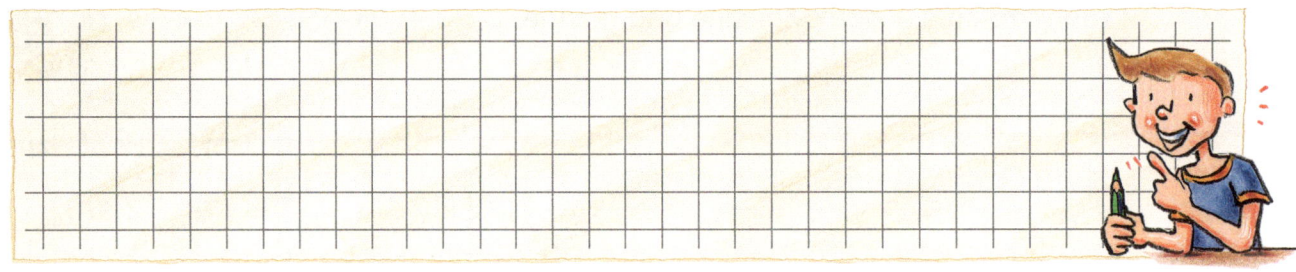

A: _____

⭐ **③** Daraufhin stellt Thomas ihm auch ein Rätsel: „Ich habe 320 Sammelkarten.
Dreimal so viele Fußballkarten wie Autokarten.

Wie viele Fußballkarten habe ich?"

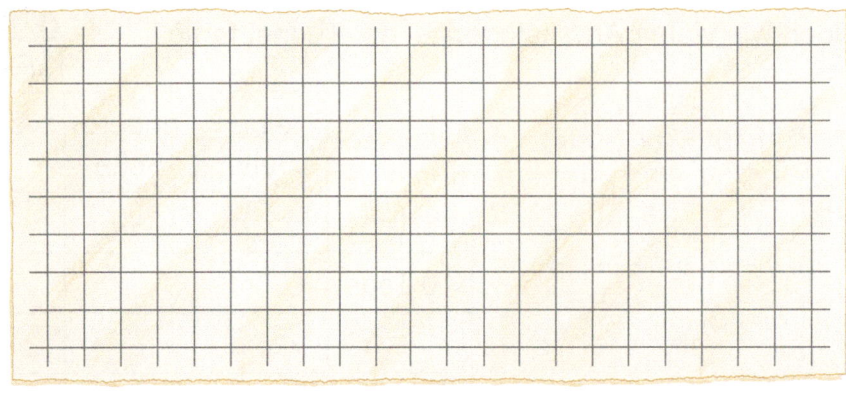

320

A: _____

Denken, rechnen, knobeln

1 Schreibe zu jedem Zahlenrätsel eine Rechnung. Rechne aus.

a) Wenn ich von meiner Zahl 692 subtrahiere, ist das Ergebnis 1108.

$- 692 = 1108$

b) Wenn ich meine Zahl zu 750 addiere, erhalte ich 1390.

c) Wenn ich 630 durch meine Zahl dividiere, ist das Ergebnis 9.

d) Wenn ich meine Zahl mit 80 multipliziere, ist das Ergebnis die Hälfte von 1440.

2 Zahlenzauber-Zahlenrätsel

Welche Rechenkette gehört zu welchem Rätsel? Löse mit den Umkehraufgaben.

Lies genau und ergänze die Rechenketten.

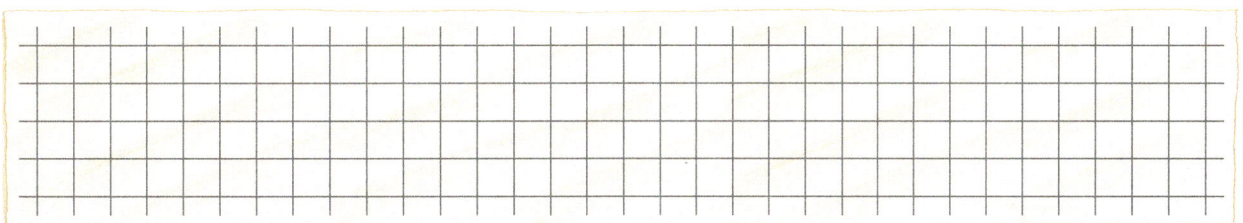

a) Ich denke mir eine Zahl, multipliziere sie mit 6, addiere dann 120, dividiere das Ergebnis durch 40 und erhalte 9.

b) Ich subtrahiere von meiner Zahl 480, dividiere das Ergebnis durch 8, multipliziere dann mit 5, dividiere das Ergebnis durch 9 und erhalte 50.

c) Wenn ich meine Zahl halbiere, zum Ergebnis dann 50 addiere und das Ergebnis durch 70 dividiere, das Ergebnis dann mit 30 multipliziere, danach 10 subtrahiere und die erhaltene Zahl durch 40 dividiere, erhalte ich 5.

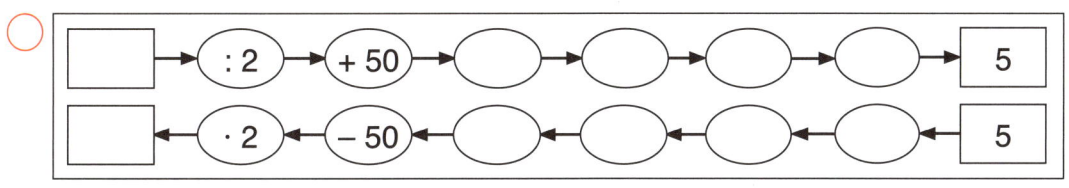

Das passt zu Aufgabe …

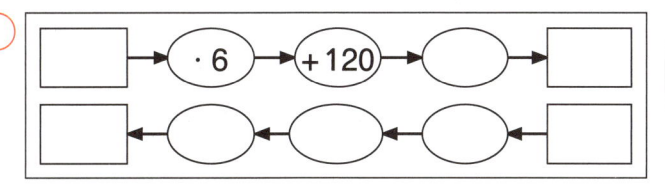

Ich hab's! Das ist doch Aufgabe …

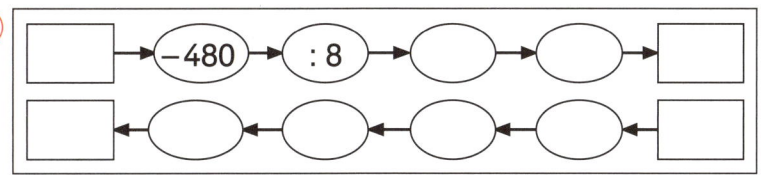

Denken, rechnen, knobeln

1 Aus Eulalias Knobelbuch:

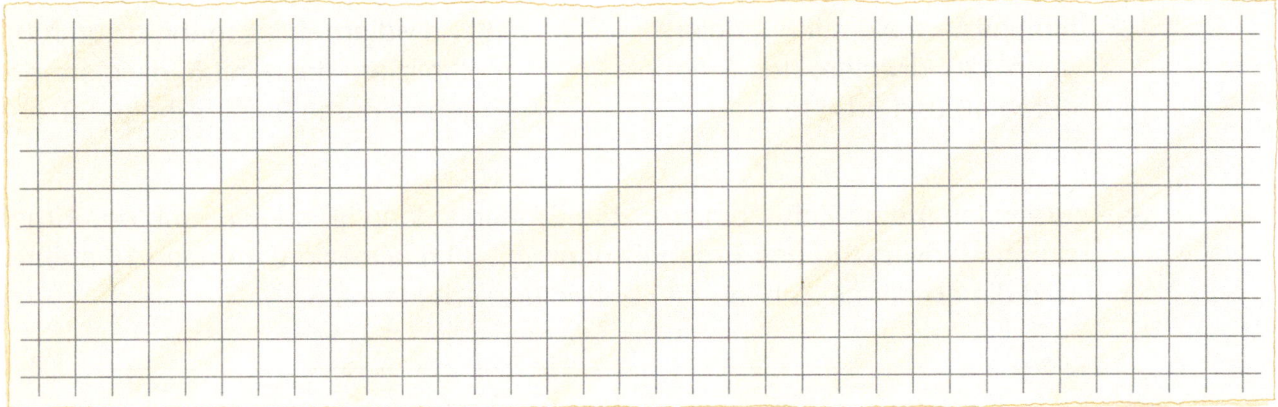

a) Sarah und Lena treffen sich am 26. Januar beim Eislaufen. Sarah geht jeden 4. Tag, Lena regelmäßig nur am Montag zum Eislaufen. Wann treffen sich die beiden wieder beim Eislaufen?

b) Die erste von 3 Zahlen ist 75. Die zweite Zahl ist um 23 größer als die 1. Zahl. Alle Zahlen zusammen ergeben 246.

c) Eine vierstellige Zahl hat an der Tausenderstelle die kleinste ungerade Zahl, an der Hunderterstelle die kleinste gerade Zahl. Die Summe dieser beiden Zahlen ist die Ziffer an der Zehnerstelle. An der Einerstelle steht die größte einstellige gerade Zahl.

d) Von den 29 Kindern der Klasse 4b spielen 8 Kinder Tennis, 3 davon singen auch noch im Chor. 7 Kinder spielen weder Tennis noch singen sie im Chor. Wie viele Kinder der Klasse 4b singen im Chor?

2 Unter welchem Baum ist ein Schatz vergraben? Kreuze an.

– Der Baum mit dem Schatz steht nicht direkt neben einem anderen Baum.
– Neben dem Baum mit dem Schatz wachsen keine Pilze.

1 Schriftlich oder im Kopf? Verändern hilft?

a) 704 + 267 = _____   457 + 1003 = _____   396 + 1457 = _____

700 + _____ = _____

b) 598 – 376 = _____   1727 – 599 = _____   1803 – 242 = _____

2

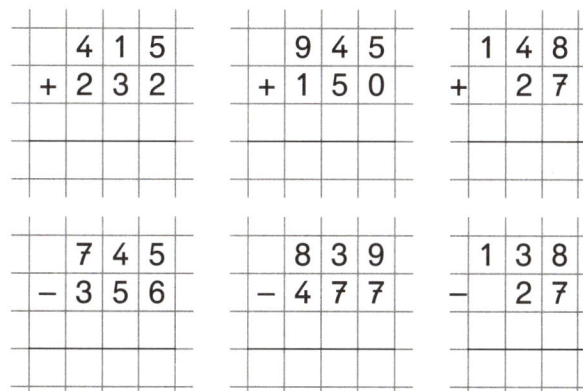

```
  4 1 5        9 4 5       1 4 8 6       1 5 0 2
+ 2 3 2      + 1 5 0      +   2 7 9     +   4 9 8
```

```
  7 4 5        8 3 9       1 3 8 2       1 8 7 8
- 3 5 6      - 4 7 7      -   2 7 5     -   6 9 9
```

Jetzt bin ich fit beim schriftlichen Rechnen!

3 Schreibe untereinander und rechne.

a) 722 + 88 + 1475   b) 788 – 355   c) 1801 – 543

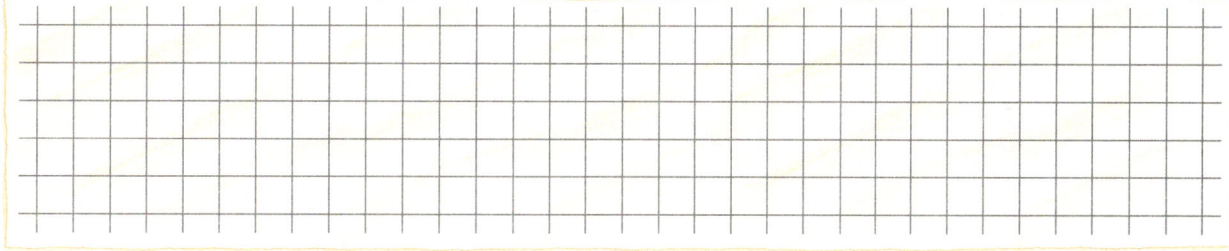

4

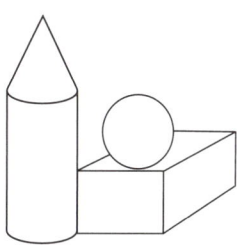

a) Aus welchen Formen besteht die Geo-Burg?

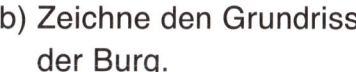
_____

b) Zeichne den Grundriss der Burg.

5 Zeichne das Muster weiter.

①

·	20		27	
4		28		

·	80	5	
6			

·	60	6	
5			

② Halbschriftlich oder im Kopf?

4 · 35 = _____

65 · 3 = _____

5 · 330 = _____

4 · 125 = _____

305 : 5 = _____

207 : 9 = _____

434 : 7 = _____

672 : 8 = _____

③ Beim Dividieren kann auch ein Rest bleiben.

667 : 8 = _____
640 : 8 = _____
 27 : 8 = _____

829 : 9 = _____

548 : 5 = _____

435 : 6 = _____

736 : 9 = _____

580 : 7 = _____

④ Rechenrätsel

a) Ich denke mir eine Zahl, multipliziere sie mit 50, dividiere das Ergebnis durch 90, addiere 20, multipliziere das Ergebnis mit 4 und erhalte 100.

b) Ich subtrahiere von meiner Zahl 250, dividiere das Ergebnis durch 10, multipliziere dieses Ergebnis mit 4, dividiere das Ergebnis durch 6 und erhalte das Fünffache von 8.

a)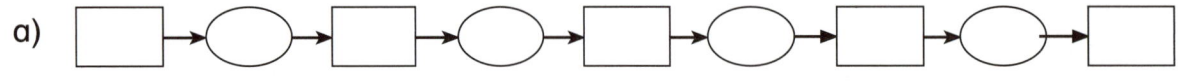

b)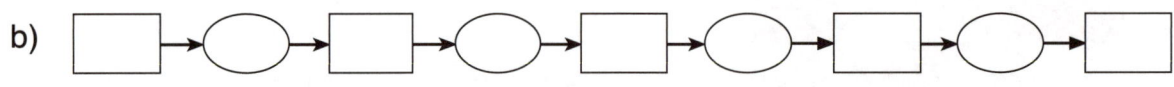

1 Kreise immer die Stellen ein, die du beim Lesen zusammenfasst.
Lies die Zahlen dann vor. Schreibe sie mit Leselücken auf.

a) (34)(617)   b) 9 0 3 1 2 2

461789   3400351

3176663   30012

		a)		3	4	6	1	7				

2 Verbinde jede Sprechblase mit der passenden Zahlenkarte.

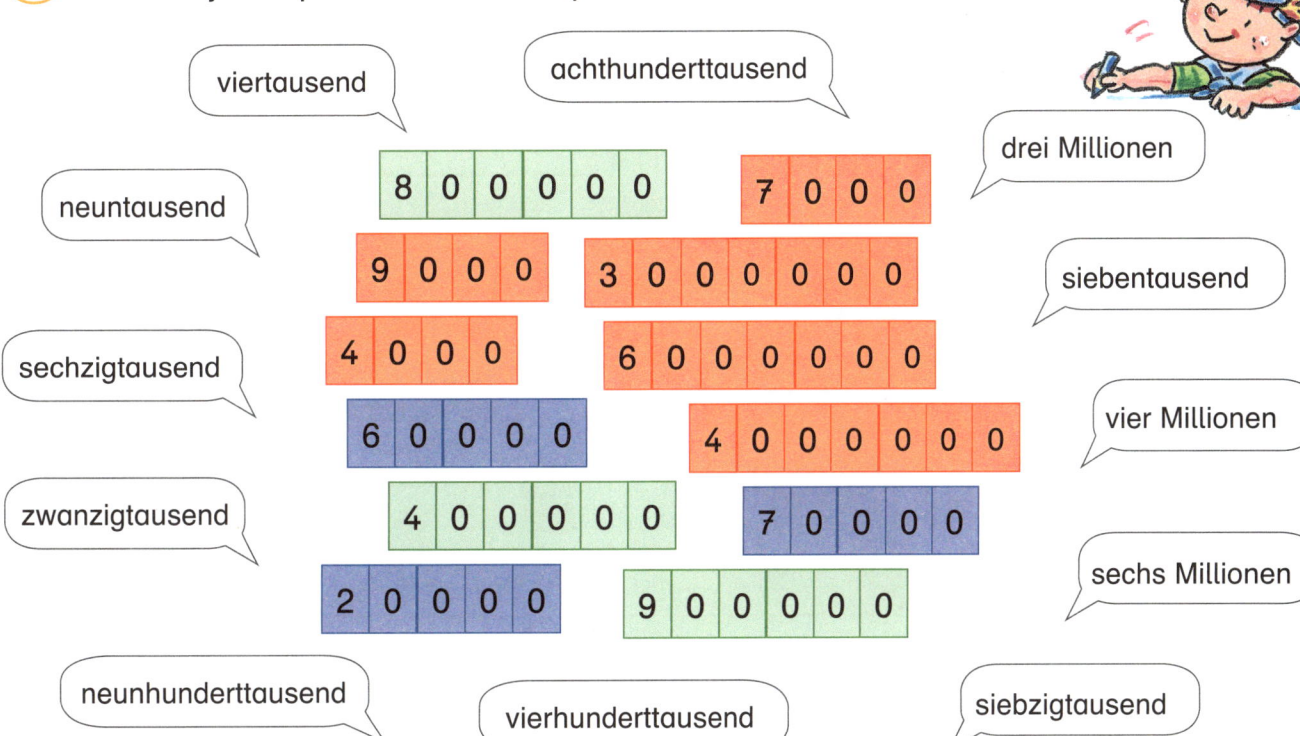

viertausend · achthunderttausend · drei Millionen · neuntausend · siebentausend · sechzigtausend · vier Millionen · zwanzigtausend · sechs Millionen · neunhunderttausend · vierhunderttausend · siebzigtausend

8 0 0 0 0 0   7 0 0 0
9 0 0 0   3 0 0 0 0 0 0
4 0 0 0   6 0 0 0 0 0 0
6 0 0 0 0   4 0 0 0 0 0 0
4 0 0 0 0 0   7 0 0 0 0
2 0 0 0 0   9 0 0 0 0 0

3 Welcher Wurm frisst welchen Apfel? Verbinde.
Tipp: Unterteile die Zahlwörter so, dass du sie gut lesen kannst.

vierunddreißigtausendzweihundertfünfunddreißig

achthundertdreißigtausendneunhundertvierundvierzig

siebentausendfünfhundertsechzig

siebzigtausend

drei Millionen vierhunderttausend

eintausendsechshundertdreiundvierzig

vierhundertdreiundzwanzigtausendzwölf

7560 · 34235 · 3400000 · 70000 · 830944 · 1643 · 423012

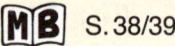
1 Zerlege. 78 355 = _70 000 + 8 000 + 300 + 50 +_ _____

341 783 = _____

4 820 = _____

1 902 583 = _____

68 901 = _____

562 700 = _____

2 Wie heißt die Zahl?

50 000 + 20 + 300 000 + 4 000 = _____

5 000 000 + 900 + 10 + 7 000 + 600 000 = _____

700 000 + 5 + 90 + 600 + 20 000 + 4 000 = _____

8 + 30 + 500 + 6 000 + 40 000 + 500 000 = _____

600 000 + 30 000 + 2 000 + 500 + 40 + 1 = _____

3 Welche Zahlen kannst du mit diesen
Karten legen? Beginne mit der kleinsten Zahl.

5 Zahlen habe ich schon.

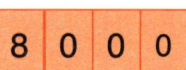    

_2, 30, 32, 500, 502,_ _____

_____

_____

_____

4

	M	HT	ZT	T	H	Z	E
a) 384 652							
905 322							
1 530 718							
b) _____							
_____							
_____							
c) _____							
_____							
_____							

_3 HT 8 ZT 4 T 6 H 5 Z 2 E_

_____

_____

1M 4ZT 3T 6H 2Z 5E

9H 2M 8Z 2HT

7E 6T 4M 1H 6ZT

drei Millionen sechsundneunzig

fünfundachtzigtausend

vierhundertsiebentausend

1 Simsala hat
diese Zahl gelegt:

―――――――

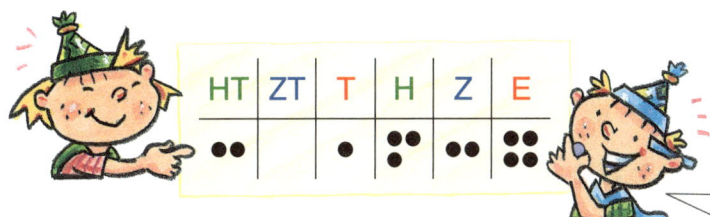

Ich lege ein
Plättchen dazu.
Ich kann es zu
den HT, ZT,
T, H, Z oder E
legen.

Zeichne Bims Plättchen jeweils an einer anderen Stelle dazu.
Wie heißen die neuen Zahlen?

HT	ZT	T	H	Z	E

211 324

HT	ZT	T	H	Z	E

―――――――

HT	ZT	T	H	Z	E

―――――――

HT	ZT	T	H	Z	E

―――――――

HT	ZT	T	H	Z	E

―――――――

HT	ZT	T	H	Z	E

―――――――

2 Welche Zahlen entstehen, wenn du hier jeweils ein Plättchen dazulegst?

M	HT	ZT	T	H	Z	E

――――――― ――――――― ―――――――

――――――― ――――――― ―――――――

1 230 203

3 Bim hat
diese Zahl gelegt:

―――――――

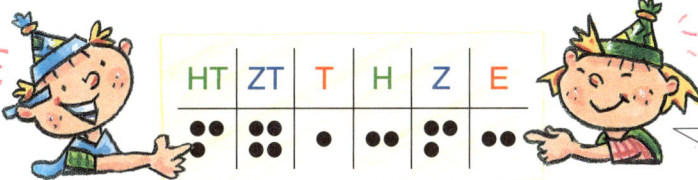

Ich nehme jeweils
ein Plättchen weg.
Ich kann es von
den HT, ZT, …
wegnehmen.

Streiche ein Plättchen jeweils an einer anderen Stelle weg.
Wie heißen die neuen Zahlen?

HT	ZT	T	H	Z	E

―――――――

HT	ZT	T	H	Z	E

―――――――

HT	ZT	T	H	Z	E

―――――――

HT	ZT	T	H	Z	E

―――――――

HT	ZT	T	H	Z	E

―――――――

HT	ZT	T	H	Z	E

―――――――

  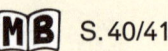
1 a) Trage die Nachbarzahlen zu den Knotenzahlen ein.

599 999	600 000	*600 001*		40 000	
	200 000			70 000	
	900 000			20 000	

b) Nachbartausender: Male den Tausender an, der näher liegt.

	467 831			63 064	
	506 340			745 989	
	770 651			342 567	

c) Nachbarzehntausender: Male den Zehntausender an, der näher liegt.

	467 831			63 064	
	506 340			745 989	
	770 651			342 567	

d) Nachbarhunderttausender: Male den Hunderttausender an, der näher liegt.

	467 831			63 064	
	506 340			745 989	
	770 651			342 567	

2 Vergleiche mit <, >, =.

506 340 ◯ 560 340	65 340 ◯ 560 430	506 340 ◯ 506 034
234 567 ◯ 243 567	42 576 ◯ 34 257	234 765 ◯ 234 567
673 957 ◯ 391 004	78 462 ◯ 673 856	672 890 ◯ 672 890
28 301 ◯ 283 011	4 718 ◯ 47 018	22 604 ◯ 22 406

3 Ordne nach der Größe. Beginne mit der kleinsten Zahl.

3 892, 45 613, 5 310, 61 419, 1 300 250, 174, 674 910, 247, 456 013

① Zähle in Schritten weiter.

a) 150 000, 200 000, 250 000, _300 000_, _____, _____, 450 000

670 000, 677 000, 684 000, _____, _____, _____, 712 000

199 995, 199 997, 199 999, _____, _____, _____, 200 007

b) 80 000, 79 500, 79 000, _____, _____, _____, 77 000

540 900, 540 500, 540 100, _____, _____, _____, 538 500

265 615, 265 612, 265 609, _____, _____, _____, 265 597

⭐ c) 492 390, 492 391, 492 393, 492 396, _____, _____, 492 411

506 110, 506 105, 506 095, 506 090, _____, _____, 506 065

97 683, 97 693, 97 690, 97 700, _____, _____, 97 704

② Ergänze die fehlenden Zahlen und ordne die Kärtchen richtig zu.

a)
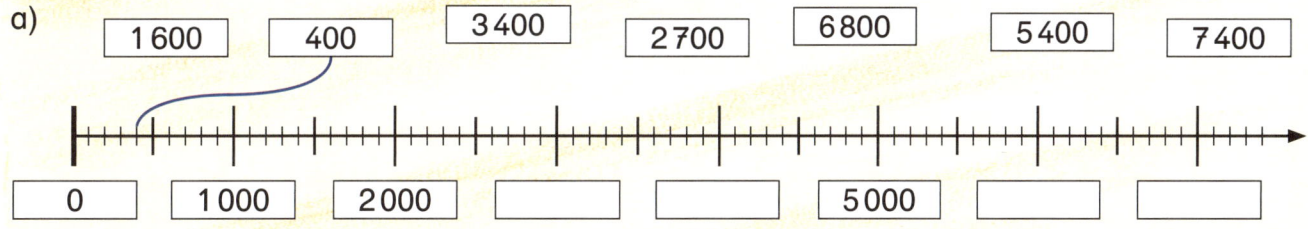

b)
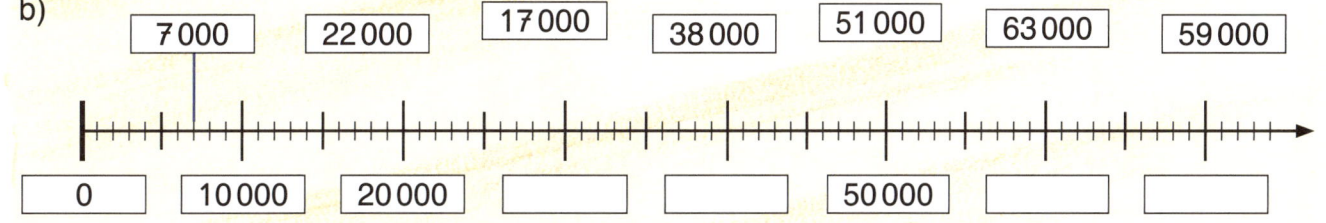

c)
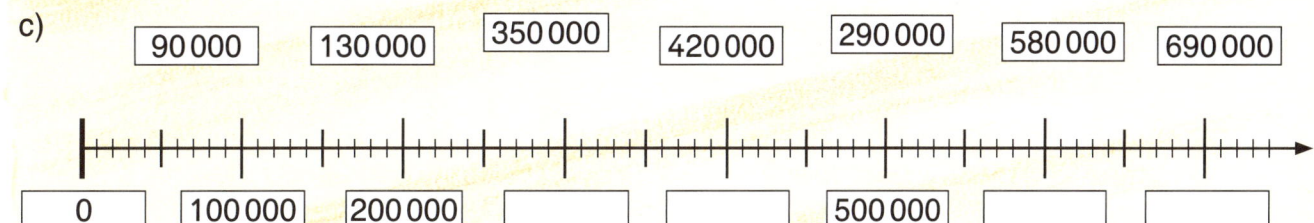

d)
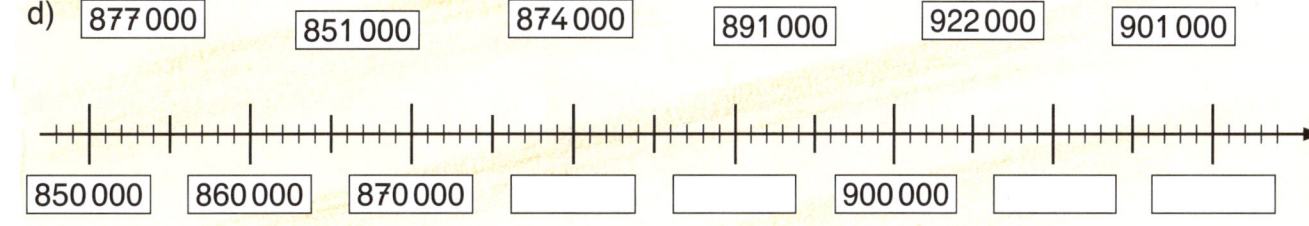

 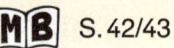
1 Wie heißen die Zahlen?

a)
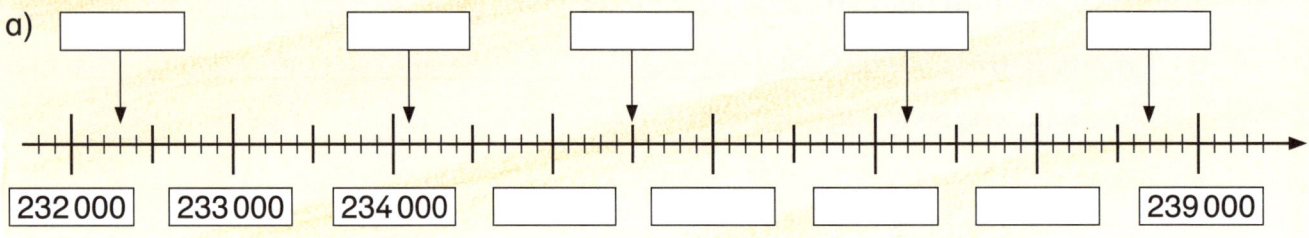

| 232 000 | 233 000 | 234 000 | | | | | 239 000 |

b)
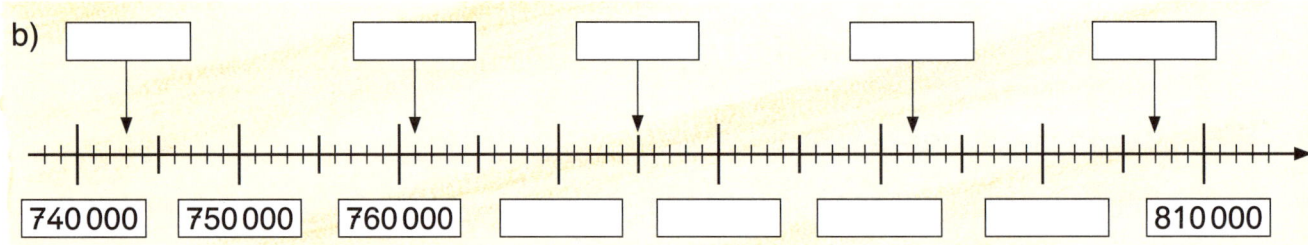

| 740 000 | 750 000 | 760 000 | | | | | 810 000 |

 2 Zahlenrätsel

a) Meine Zahl ist fünfstellig und größer als 90 000. Sie hat lauter gleiche Ziffern. Wie heißt die Zahl?

_____

b) Meine Zahl liegt genau in der Mitte zwischen 200 000 und 230 000. Welche Zahl ist es?

_____

c) Meine Zahl ist sechsstellig. Sie ist kleiner als 500 000, aber größer als 400 000. Sie hat lauter gleiche Ziffern. Wie heißt meine Zahl?

_____

d) Meine Zahl liegt zwischen 48 000 und 49 000. Sie hat als Ziffern 4 Vierer. Wie heißt sie?

_____

e) Meine Zahl liegt zwischen 500 000 und 600 000. Sie besteht aus den Ziffern 0, 1, 2, 3, 4, 5. Ihre Ziffern sind der Reihe nach geordnet. Welche Zahl meine ich?

_____

f) Meine Zahl hat dreimal die Ziffer 7 und dreimal die 5. Sie ist die größte Zahl, die man mit diesen Ziffern bilden kann. Findest du die Zahl?

_____

g) Meine Zahl ist die größte sechsstellige gerade Zahl. Schreibe sie auf.

_____

h) Meine Zahl ist die kleinste sechsstellige ungerade Zahl. Schreibe sie auf.

_____

Kopfrechnen-Training ⊕ und ⊖

1 Tausender-Freunde

 450    290    855    673

2 Zehntausender-Freunde

 3 700   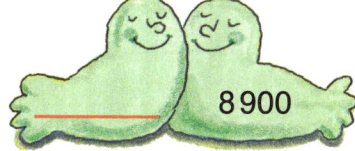 8 900    7 340

3 Millionen-Freunde

263 000   333 000   416 000   25 000

4 Vorsicht! Achte auf die Stellen.

a) $40\,000 + 3\,000 =$ _____

$40\,000 + 300\,000 =$ _____

$4\,000 + 3\,000 =$ _____

$400\,000 + 30\,000 =$ _____

b) $500\,000 - 200\,000 =$ _____

$500\,000 - 20\,000 =$ _____

$500\,000 - 2\,000 =$ _____

$500\,000 - 200 =$ _____

5 Kettenrechnungen

$60\,000 + 3\,000 + 20 + 8 + 30\,000 + 500 =$ _____

$9\,000 + 7 + 80\,000 + 300 + 500\,000 + 2 =$ _____

$4\,000 + 20\,000 + 50 + 6 + 300\,000 + 900 =$ _____

6 Von leichten zu schweren Aufgaben

a) $30\,000 + 40\,000 =$ _____

$35\,000 + 40\,000 =$ _____

$35\,000 + 42\,000 =$ _____

$35\,700 + 42\,000 =$ _____

$35\,700 + 42\,100 =$ _____

$35\,760 + 42\,100 =$ _____

$35\,760 + 42\,130 =$ _____

b) $80\,000 - 20\,000 =$ _____

$85\,000 - 20\,000 =$ _____

$85\,000 - 22\,000 =$ _____

$85\,300 - 22\,000 =$ _____

$85\,300 - 22\,100 =$ _____

$85\,360 - 22\,100 =$ _____

$85\,360 - 22\,140 =$ _____

1 Runde auf volle Hunderttausender, Zehntausender und Tausender.

	HT	ZT	T
561 814	≈ 600 000	≈ 560 000	
423 836			
742 477			
638 185			
193 498			

≈ bedeutet „ist ungefähr".

2 Welche Zahlen könnten hier gerundet worden sein?
Schreibe die kleinsten/größten Zahlen auf.

gerundete Zahl	kleinste Zahl	größte Zahl
32 100	32 050	32 149
86 800		
29 700		
31 500		
85 600		

gerundete Zahl	kleinste Zahl	größte Zahl
840 000	835 000	844 999
120 000		
610 000		
280 000		
110 000		

3 a)

Stadionbesucher		Runde auf volle ZT	Runde auf volle T
1) Bayern München	69 901		
2) BVB Dortmund	81 168		
3) Bor. Mönchengladb.	49 464		
4) VfB Stuttgart	53 512		
5) Hertha BSC Berlin	64 843		
6) Eintracht Frankfurt	47 463		

b) Vervollständige das Streifendiagramm. Verwende die gerundeten Tausenderzahlen.

 1 München
 2 Dortmund
 3 Mönchengladbach
 4 Stuttgart
 5 Berlin
 6 Frankfurt

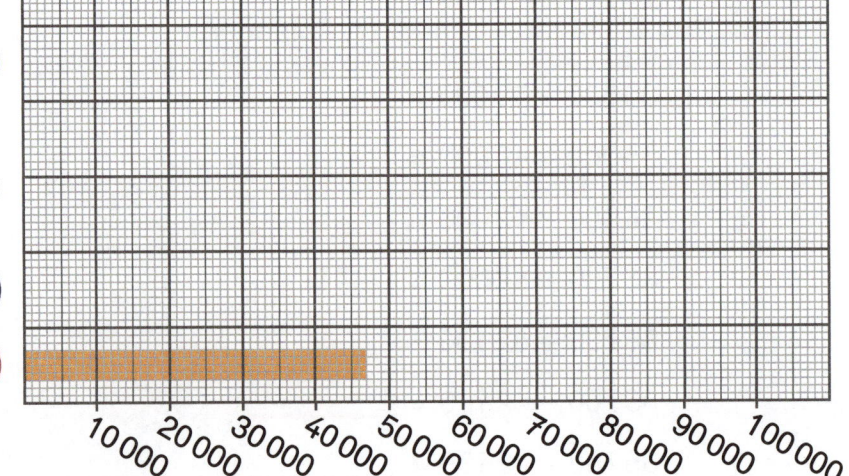

10 000 20 000 30 000 40 000 50 000 60 000 70 000 80 000 90 000 100 000

© dpa Picture-Alliance

1 Den Stuttgarter Tierpark „Wilhelma" besuchen in einem Jahr mehr als 2 Millionen Besucher.

Jan. 45 650 _____ ,   Feb. 77 357 _____ ,   März 184 153 _____ ,

April 193 723 _____ ,   Mai 177 860 _____ ,   Juni 211 887 _____ ,

Juli 259 538 _____ ,   Aug. 317 977 _____ ,   Sept. 263 737 _____ ,

Okt. 189 570 _____ ,   Nov. 69 732 _____ ,   Dez. 55 450 _____ ,

a) Runde die Zahlen auf glatte Zehntausender und notiere sie.

b) Zeichne ein Balkendiagramm zu den gerundeten Zahlen.

Dez.	
Nov.	
Okt.	
Sept.	
Aug.	
Juli	
Juni	
Mai	
Apr.	
März	
Feb.	
Jan.	

50 000   100 000   150 000   200 000   250 000   300 000

c) Was kannst du aus dem Diagramm ablesen? Notiere mindestens zwei

wichtige Aussagen: _____

_____

2

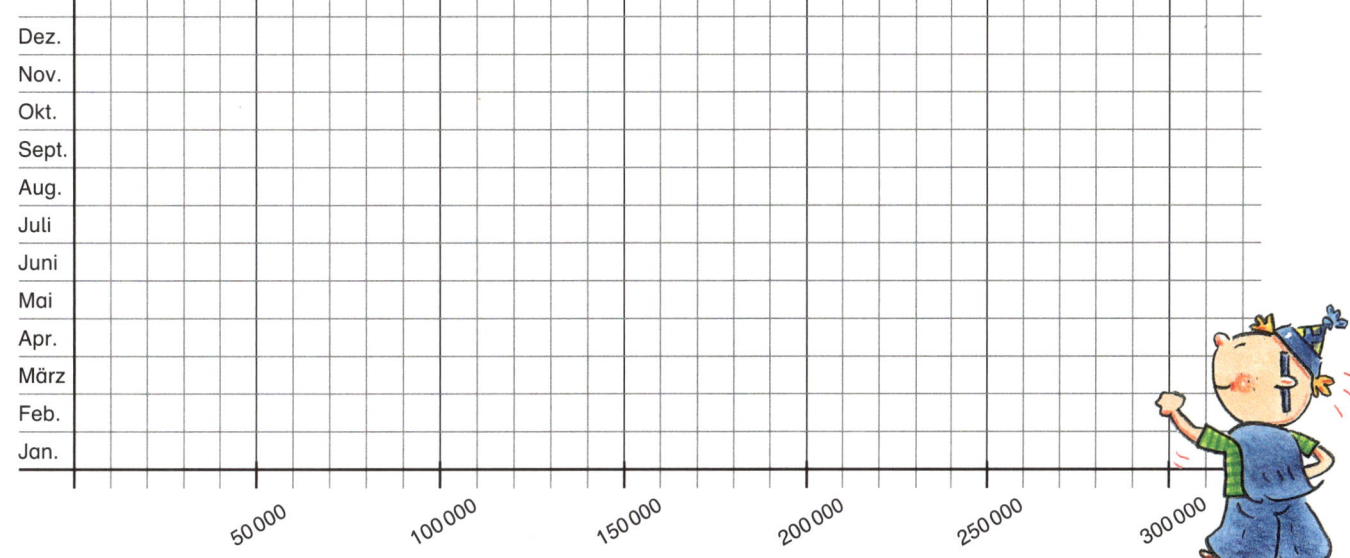

	Säugetiere	Vögel	Reptilien	Amphibien	Fische
Nordamerika	60 000	70 000	25 000	5 000	100 000
Lateinamerika	10 000	25 000	5 000	1 000	25 000
Europa	90 000	130 000	20 000	8 000	180 000
Asien	75 000	100 000	20 000	10 000	50 000
Afrika	7 500	15 000	2 500	500	5 000
Australien	7 500	10 000	2 500	500	20 000
Gesamt	250 000	350 000	75 000	25 000	380 000

Das habe ich in einem Buch gefunden: So viele Tiere gibt es in den Zoos der Welt.

Welche der folgenden Aussagen sind richtig? Kreuze an.

◯ Die meisten Reptilien finden sich in nordamerikanischen Zoos.

◯ In den Zooanlagen Asiens sind zehnmal so viele Säugetiere zu finden wie in denen Afrikas.

◯ Afrikanische Zoos beherbergen halb so viele Säugetiere wie Vögel.

◯ Die meisten Zootiere finden sich in Afrika.

① Merkaufgaben

Diese Merkaufgaben musst du lernen.

100		1000		10 000		100 000
2 · ____		2 · ____		2 · ____		2 · ____
4 · ____		4 · ____		4 · ____		4 · ____
5 · ____		5 · ____		5 · ____		5 · ____
10 · ____		8 · ____		8 · ____		8 · ____

② Denke an die Merkaufgaben.

4	8	5	2
100 : _25_	1000 : ____	100 : ____	100 : ____
1 000 : ____	10 000 : ____	1 000 : ____	10 000 : ____
10 000 : ____	400 : ____	10 000 : ____	100 000 : ____
100 000 : ____	200 : ____	200 : ____	200 000 : ____

③ Aufgaben-Familien

a)
8 · 4

| 8 · 40 = _____ |
| 80 · 4 = _____ |
| 80 · 40 = _____ |
| 8 · 400 = _____ |
| 80 · 400 = _____ |
| 800 · 4 = _____ |
| 800 · 40 = _____ |
| 800 · 400 = _____ |

b)
3 · 7

| 3 · 70 = _____ |
| 30 · 7 = _____ |
| 30 · 70 = _____ |
| 3 · 700 = _____ |
| 30 · 700 = _____ |
| 300 · 7 = _____ |
| 300 · 70 = _____ |
| 300 · 700 = _____ |

c)
48 : 8

| 480 : 8 = _____ |
| 480 : 80 = _____ |
| 4 800 : 8 = _____ |
| 4 800 : 80 = _____ |
| 4 800 : 800 = _____ |
| 48 000 : 8 = _____ |
| 48 000 : 80 = _____ |
| 48 000 : 800 = _____ |

 ④ Merkaufgaben entdecken – geschickt rechnen

a) 2 · 70 · 5 = 10 · 70 = _____

    5 · 6 · 20 = _____ = _____

    50 · 80 · 2 = _____ = _____

b) 5 · 25 · 4 · 70 = 5 · 100 · 70 = _____

    8 · 6 · 4 · 25 = _____ = _____

    5 · 3 · 200 · 4 = _____ = _____

① Netze knüpfen: Notiere Aufgaben.

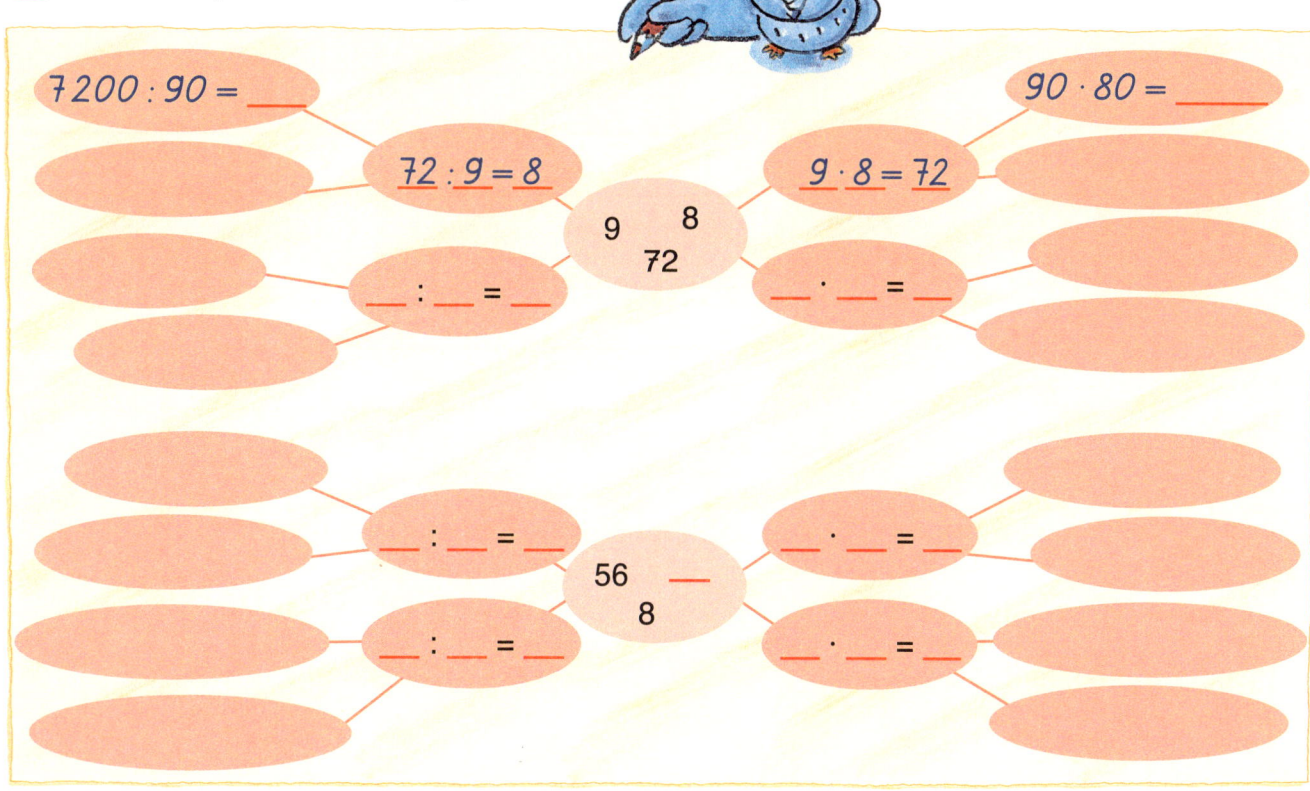

$7200 : 90 = \underline{}$

$72 : 9 = 8$

$9 \cdot 8 = 72$

$90 \cdot 80 = \underline{}$

$9 \quad 8$
72

$\underline{} : \underline{} = \underline{}$

$\underline{} \cdot \underline{} = \underline{}$

$\underline{} : \underline{} = \underline{}$

$\underline{} \cdot \underline{} = \underline{}$

$56 \quad \underline{}$
8

$\underline{} : \underline{} = \underline{}$

$\underline{} \cdot \underline{} = \underline{}$

② Finde ⊙-Aufgaben zu den Ergebnissen.

| 4 800 | _____ _____ _____ |
| 25 000 | _____ _____ _____ |

③ Finde ⦂-Aufgaben zu den Ergebnissen.

| 600 | _____ _____ _____ |
| 4 000 | _____ _____ _____ |

④ Rechne in Schritten.

a) $7000 \cdot 30 = \underline{7 \cdot 3 \cdot 1000 \cdot 10} = \underline{} = \underline{}$

   $800 \cdot 900 = \underline{} = \underline{} = \underline{}$

   $40 \cdot 6000 = \underline{} = \underline{} = \underline{}$

   $500 \cdot 700 = \underline{} = \underline{} = \underline{}$

b) $72000 : 800 = \underline{72\,000 : 8 : 100} = \underline{} = \underline{}$

   $8100 : 90 = \underline{} = \underline{} = \underline{}$

   $450000 : 50 = \underline{} = \underline{} = \underline{}$

   $32000 : 80 = \underline{} = \underline{} = \underline{}$

1 Zähle in Schritten weiter.

a) 100 000, 125 000, 150 000, _____ , _____ , _____ , _____

480 000, 488 000, 496 000, _____ , _____ , _____ , _____

198 000, 198 900, 199 800, _____ , _____ , _____ , _____

b) 1 000 000, 940 000, 880 000, _____ , _____ , _____ , _____

620 000, 614 000, 608 000, _____ , _____ , _____ , _____

203 000, 202 400, 201 800, _____ , _____ , _____ , _____

2 Ergänze die fehlenden Zahlen und ordne die Kärtchen richtig zu.

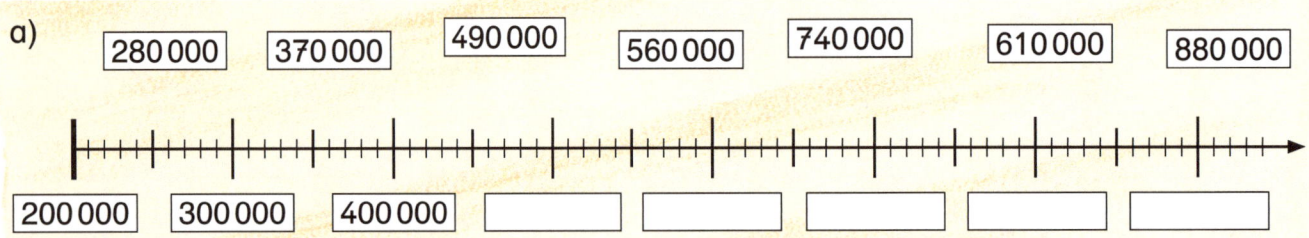

a)

| 280 000 | 370 000 | 490 000 | 560 000 | 740 000 | 610 000 | 880 000 |

| 200 000 | 300 000 | 400 000 | | | | |

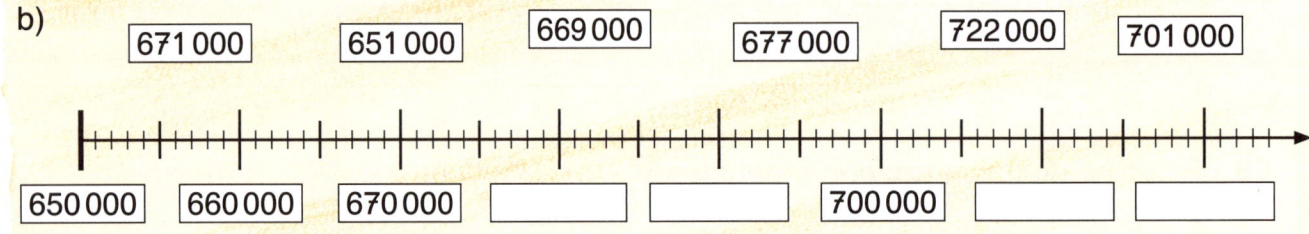

b)

| 671 000 | 651 000 | 669 000 | 677 000 | 722 000 | 701 000 |

| 650 000 | 660 000 | 670 000 | | | 700 000 | |

3 Millionenfreunde

50

15 000

700 010

900 001

136 000

99

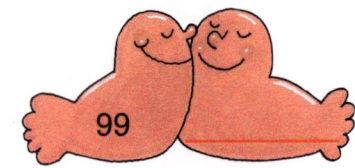

① Kopfrechnen

70 000 + 20 000 = _____   90 000 −   6 000 = _____

700 000 + 20 000 = _____   90 000 − 60 000 = _____

70 000 + 2 000 = _____   900 000 − 60 000 = _____

700 000 + 2 000 = _____   9 000 −   600 = _____

② Addieren und subtrahieren – das geht im Kopf!

43 400 + 7 000 = _____   880 000 − 50 000 = _____

64 900 +   800 = _____   940 000 − 400 000 = _____

360 400 + 8 000 = _____   625 000 − 15 000 = _____

55 200 + 60 000 = _____   500 000 − 72 000 = _____

③ Wie viel fehlt? Ergänze.

43 000 + _____ =   83 000   360 000 + _____ = 780 000

250 000 + _____ =   750 000   240 000 + _____ = 460 000

630 000 + _____ = 1 000 000   730 000 + _____ = 960 000

82 600 + _____ =   100 000   160 000 + _____ = 880 000

40 000 durch 32
im Kopf rechnen?

④ Multiplizieren und dividieren im Kopf.

3 · 4 000 = _____   3 · 5 000 = _____   40 000 : 4 = _____

6 · 4 000 = _____   6 · 5 000 = _____   40 000 : 8 = _____

12 · 4 000 = _____   9 · 5 000 = _____   40 000 : 16 = _____

24 · 4 000 = _____   18 · 5 000 = _____   40 000 : 32 = _____

⑤ Dividieren: Von leichten zu schwierigen Aufgaben

24 000 : 40 = _____   36 000 : 6 = _____   560 000 : 80 = _____

24 400 : 40 = _____   36 600 : 6 = _____   568 000 : 80 = _____

24 440 : 40 = _____   36 648 : 6 = _____   568 240 : 80 = _____

1 Aus welchen Flächen kann man einen Quader bauen? Male sie gelb an.
Welche Flächen ergeben einen Würfel? Male sie blau an.

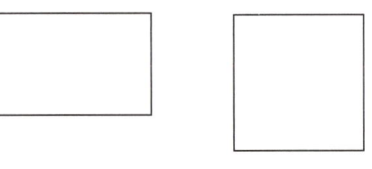    

2 Fülle die Tabelle aus. Vergleiche.

	Anzahl der Kanten	Anzahl der Ecken	Anzahl der Flächen	Flächenformen (Quadrat, Rechteck)
Würfel				
Quader				

3 Immer 2 Teile ergeben einen Quader. Male sie mit der gleichen Farbe aus.

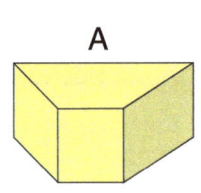 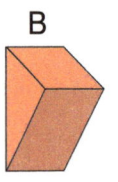 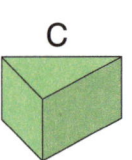 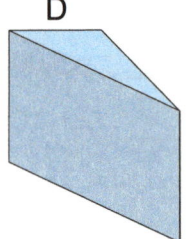 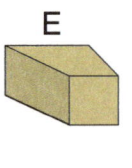

A   B   C   D   E

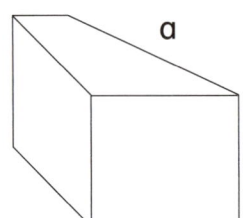  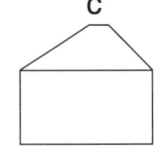 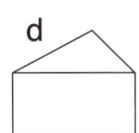 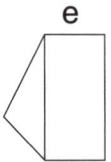

a   b   c   d   e

⭐ **4** Wie viel Geschenkband brauchst du, um das Paket zu schmücken?
Für die Knoten und die Schleife benötigst du 80 cm Band.

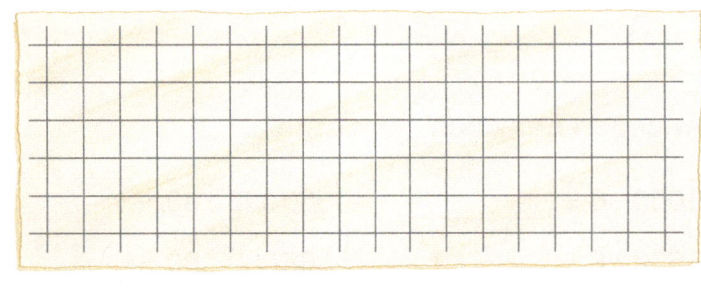

30 cm
20 cm
60 cm

A: _____

1 a) Färbe bei den Quadernetzen die Flächen gleich,
   die sich beim gefalteten Quader gegenüberliegen.

Denke daran: oben + unten, vorne + hinten, ... ist immer 7!

b) Zeichne bei den Würfelnetzen
   die Würfelaugen richtig ein.

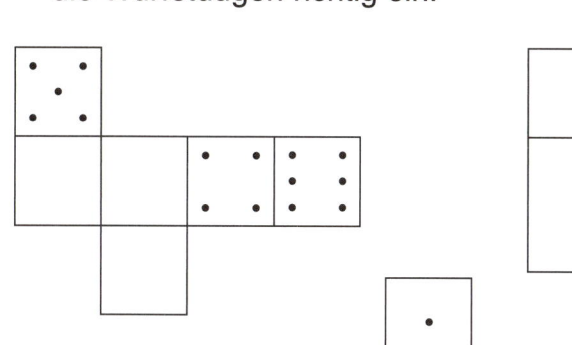

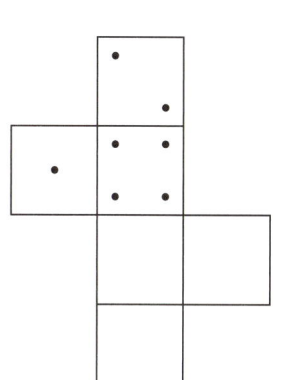

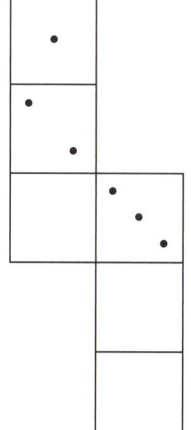

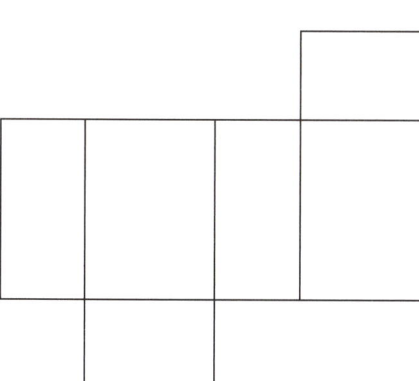

2 Ergänze zu vollständigen Quadernetzen.

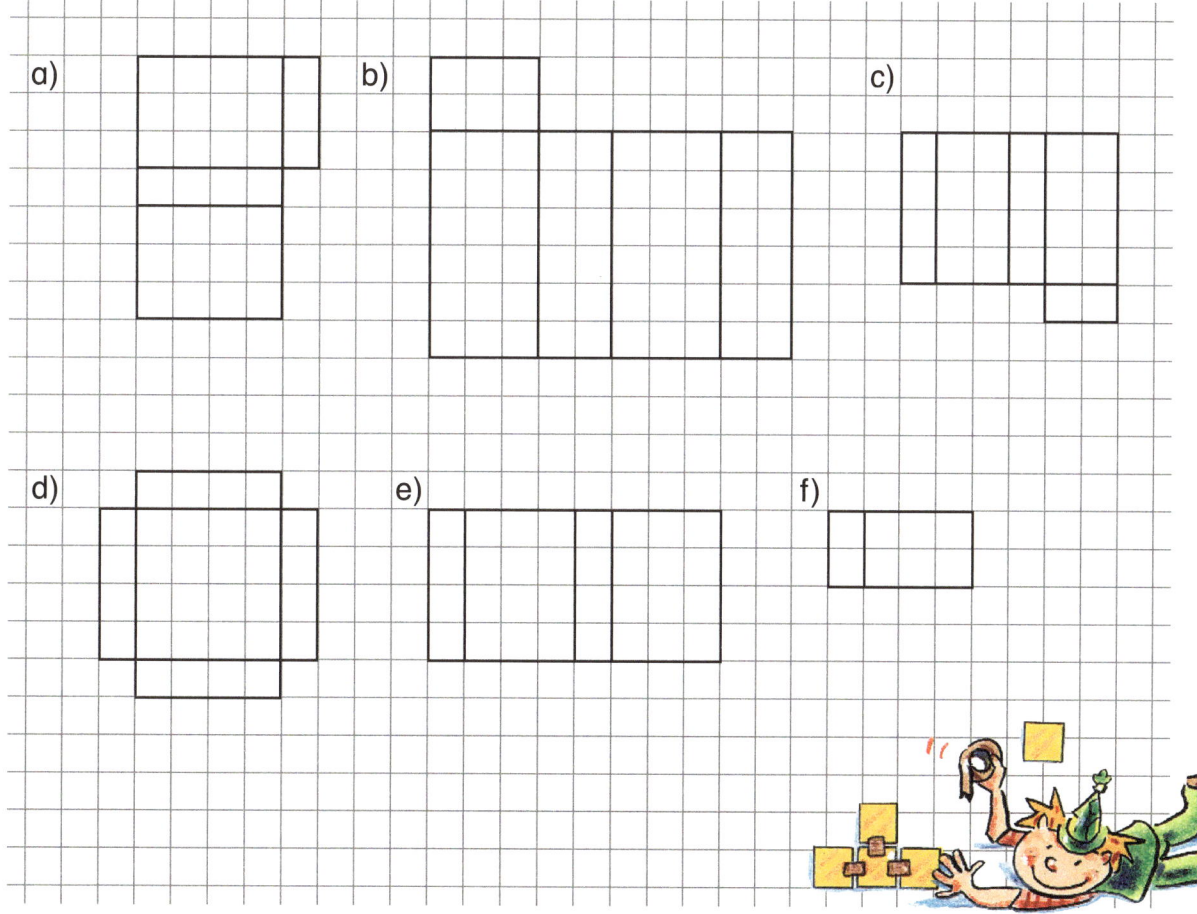

a)   b)   c)

d)   e)   f)

① In jeder Zeile genau 1 Liter

1 l	500 ml	100 ml	750 ml	200 ml	250 ml
1 l	1	1	0	2	0
1 l			1		
1 l				1	2
1 l		3	0		0
1 l				3	
1 l	0	5			

② Ergänze auf 1 Liter. Es gibt mehrere Lösungen.

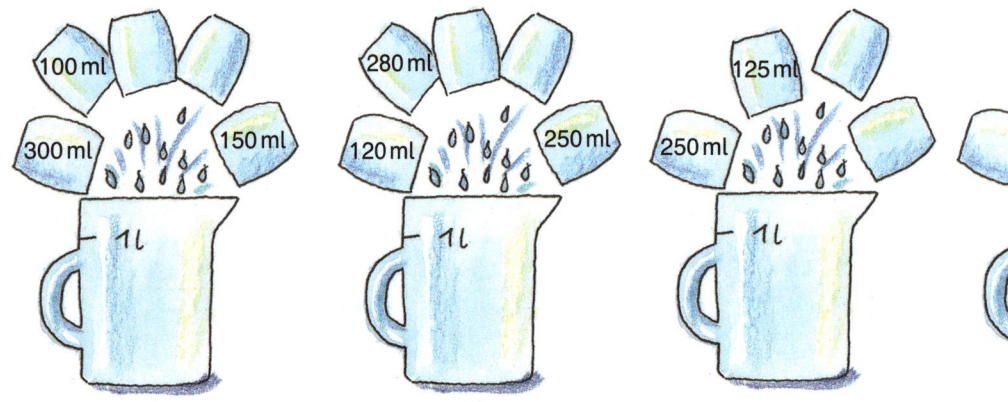

③

	Liter		Milliliter		
	Z	E	H	Z	E
1,7 l =					
0,33 l =					
=		5	2	5	0
=			5	0	0
2,3 l =					

	Liter		Milliliter		
	Z	E	H	Z	E
=		1	1	2	5
2,25 l =					
0,25 l =					
=	1	1	5	0	0
0,05 l =					

④ Eine Wassergeschichte

Familie Mader besitzt einen Wassersprudelautomaten und 4 Flaschen. Jede Flasche fasst genau 1 Liter. Für wie viele Trinkgläser (je 250 ml) reicht das Wasser, wenn alle 4 Flaschen gefüllt sind?

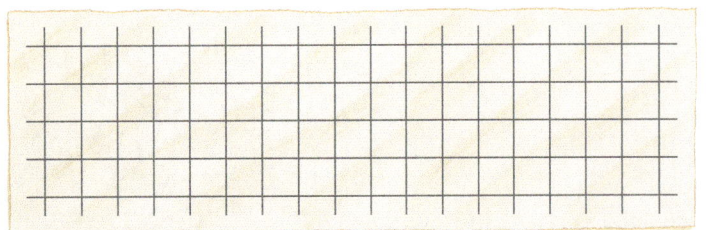

A: _____

_____

_____

1 Zeichne ein: 1 l, $\frac{1}{2}$ l, $\frac{1}{4}$ l, $\frac{1}{8}$ l. Rechne in Milliliter um.

1 l = _____ ml $\frac{1}{2}$ l = _____ ml $\frac{1}{4}$ l = _____ ml $\frac{1}{8}$ l = _____ ml

2 Wie viel fehlt zum Liter?

$\frac{1}{2}$ l + ___ = 1l $\frac{1}{4}$ l + $\frac{1}{4}$ l + ___ = 1l $\frac{1}{8}$ l + $\frac{1}{8}$ l + $\frac{1}{4}$ l + ___ = 1l $\frac{1}{4}$ l + $\frac{1}{4}$ l + $\frac{1}{4}$ l + ___ = 1l

3 Verbinde die Bilder mit den Angaben. Ergänze.

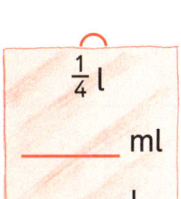

1 l	$\frac{1}{8}$ l	$\frac{1}{4}$ l	$\frac{1}{2}$ l	$\frac{3}{4}$ l
1000 ml	_____ ml	_____ ml	_____ ml	_____ ml
1,0 l	_____ l	_____ l	_____ l	_____ l

4 Vergleiche mit <, >, =.

a) 0,33 l ◯ 300 ml   b) 1,5 l ◯ 1$\frac{1}{2}$ l   c) 250 ml ◯ $\frac{1}{2}$ l

750 ml ◯ 0,7 l $\frac{1}{8}$ l ◯ 150 ml $\frac{1}{8}$ l ◯ 225 ml

0,25 ml ◯ 250 ml $\frac{1}{4}$ l ◯ 200 ml   0,250 l ◯ $\frac{1}{4}$ l

 **5** Eine etwas verrückte Wassergeschichte

Stell dir vor, du müsstest eine Badewanne (200 l) mithilfe von $\frac{1}{4}$-l-Trinkgläsern füllen. Das Befüllen jedes Glases dauert 15 s. Wie viel Zeit brauchst du insgesamt?

A: _____

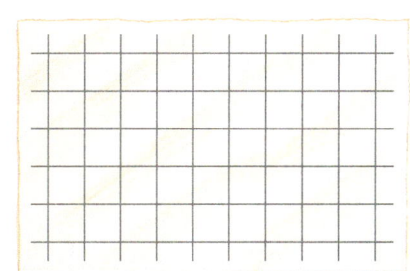

1 Eine Person verbraucht im Durchschnitt pro Tag 116 l Wasser.

Wie hoch ist der Wasserverbrauch einer 5-köpfigen Familie
an einem Tag (in einer Woche)?

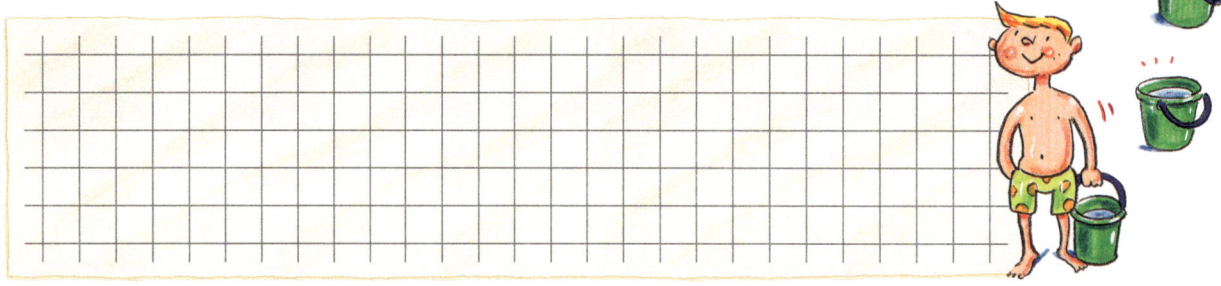

A: *An einem Tag* _____

In einer Woche _____

2 Ein Toiletten-Spülgang verbraucht 7 l Wasser. Für einmal Hände waschen
rechnet man 2 l Wasser.

Wie viel Wasser verbraucht eine 5-köpfige Familie täglich (wöchentlich)
auf der Toilette, wenn jede Person diese 5-mal pro Tag benutzt?

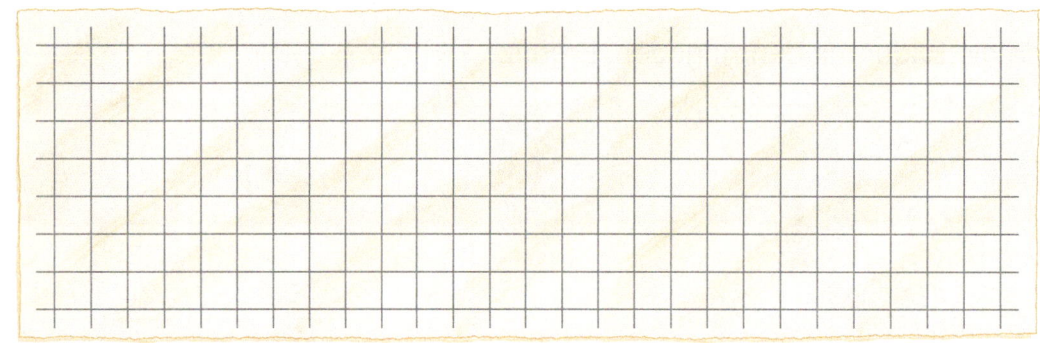 

A: *Täglich verbraucht* _____

Wöchentlich verbraucht _____

 3 Julian und seine Eltern baden einmal pro Woche. Die Erwachsenen benötigen dafür
jeweils 150 l Wasser, für Julian reichen 100 l. An den anderen Tagen duschen sie.
Dabei verbraucht Julian 60 l Wasser, seine Eltern je 90 l pro Tag.

Wie viel Wasser verbraucht die Familie für Baden und Duschen pro Woche?

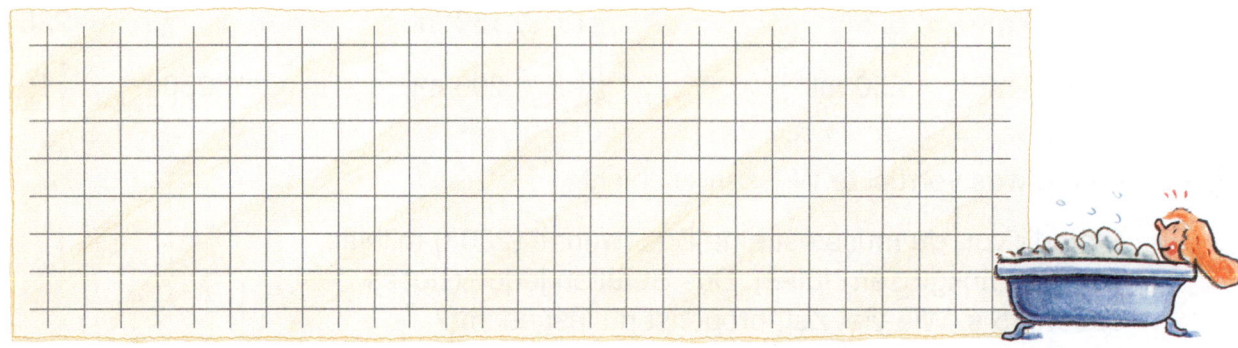

A: _____

© Oldenbourg, Zahlenzauber 4 AH

Schriftliches Multiplizieren

1 Multipliziere schriftlich.

| 5 2 7 · 8 | 6 7 3 · 4 | 5 8 9 · 2 | 7 6 1 · 7 | 4 9 2 6 · 5 |

2 Zwei Ergebnisse sind falsch. Streiche die falschen Ergebnisse durch und berichtige dann.

a) 9 4 0 5 · 3
2 8 2 1 5

b) 6 0 4 0 · 5
3 2 0 0

c) 5 0 7 6 · 6
3 0 4 5 6

d) 8 0 0 4 · 9
7 2 3 6

3 Überschlagsrechnungen finden

a) 327 · 4
Ü: *300 · 4 =* _____

b) 611 · 8
Ü: _____

c) 727 · 9
Ü: _____

d) 889 · 7
Ü: _____

e) 497 · 4
Ü: _____

f) 576 · 7
Ü: _____

g) 329 · 6
Ü: _____

h) 519 · 3
Ü: _____

4 Überschlage und ordne die Aufgaben ein. Rechne dann nach.

a) 573 · 6
b) 724 · 4
c) 394 · 8
d) 693 · 3
e) 476 · 9
f) 617 · 7

Ergebnis kleiner als 3000	Ergebnis zwischen 3000 und 4000	Ergebnis größer als 4000

a) 5 7 3 · 6

b)

c)

d)

e)

f)

1 Multipliziere schriftlich.

| 1 1 7 · 5 0 | 4 8 6 · 2 0 0 | 1 5 8 4 · 4 0 0 | 3 0 0 3 · 3 0 |

| 1 0 3 · 9 0 | 8 0 7 · 6 0 0 | 2 1 7 2 · 3 0 0 |

Alle Ergebnisse haben die Quersumme 18.

2 Achte auf die Nullen.

a) | 8 0 6 · 4 0 0 | 7 6 7 · 2 0 0 | 7 0 7 · 6 0 0 |

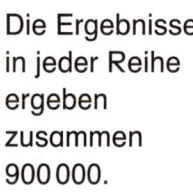

Die Ergebnisse in jeder Reihe ergeben zusammen 900 000.

b) | 5 0 9 · 7 0 0 | 3 6 2 · 5 0 0 | 4 0 3 · 9 0 0 |

Ergebniskontrolle:

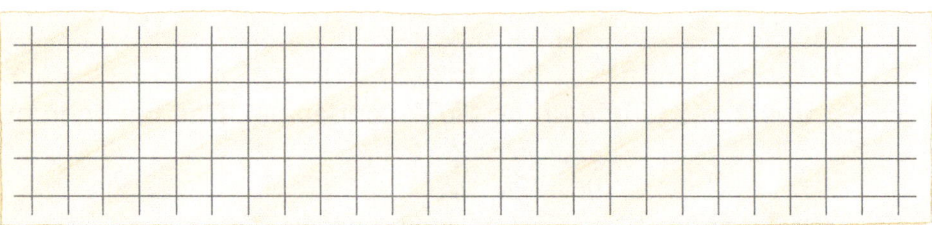

3 Ü: 4 000 · 50 = _____   _____   _____

| 3 9 0 4 · 5 0 | 7 0 5 0 · 6 0 0 | 1 2 1 0 5 · 7 0 |

4 Ergänze fehlende Ziffern.

| □ 5 4 3 · 7 | □ 8 4 7 · 6 | □ 7 1 □ · 3 | □ 8 1 2 · 9 |
| 4 5 □ □ □ | 3 5 □ 2 | 1 1 □ 4 2 | 8 8 3 □ 8 |

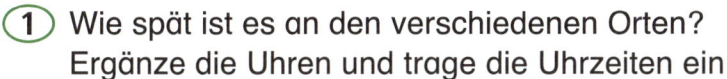

① Wie spät ist es an den verschiedenen Orten?
Ergänze die Uhren und trage die Uhrzeiten ein:

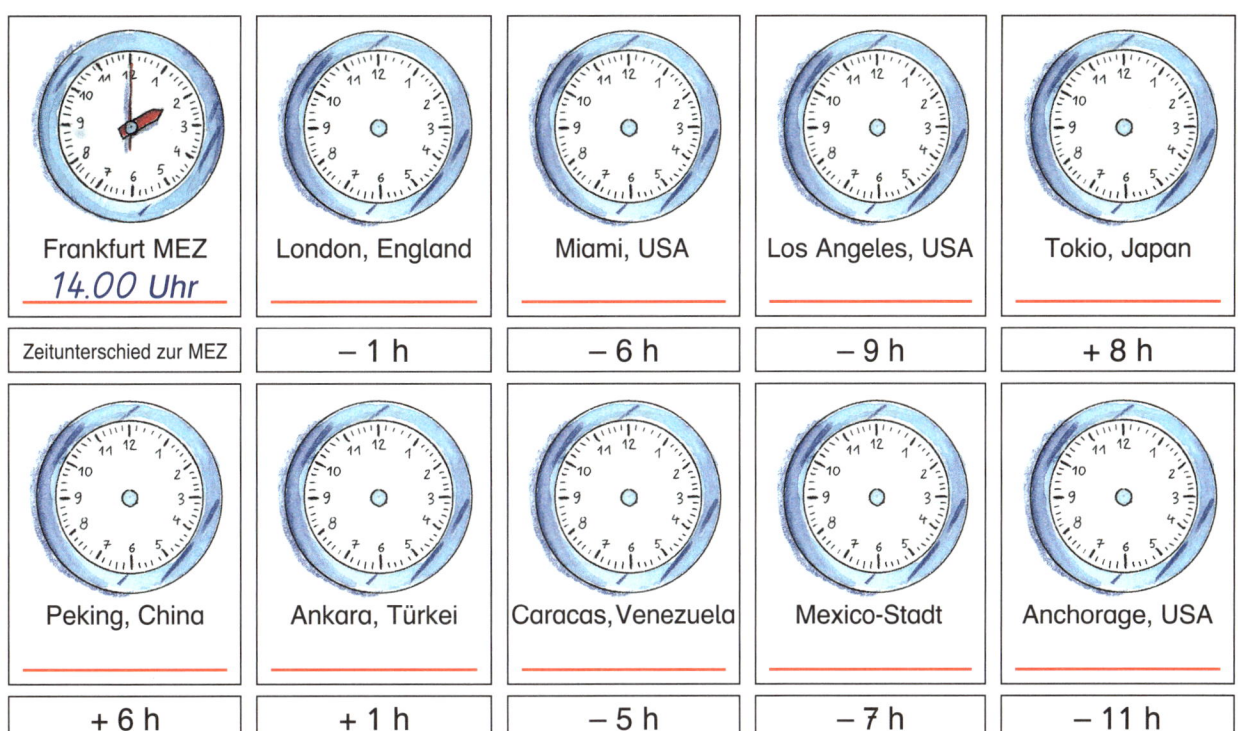

Frankfurt MEZ	London, England	Miami, USA	Los Angeles, USA	Tokio, Japan
14.00 Uhr				
Zeitunterschied zur MEZ	− 1 h	− 6 h	− 9 h	+ 8 h

Peking, China	Ankara, Türkei	Caracas, Venezuela	Mexico-Stadt	Anchorage, USA
+ 6 h	+ 1 h	− 5 h	− 7 h	− 11 h

② Michael hat eine Cousine in Denver (USA). Er möchte mit ihr telefonieren.
Seine Uhr zeigt 16.45 Uhr.
Wie spät ist es gerade in Denver, wenn der Zeitunterschied − 8 h beträgt?

A: _____

③ Der Vater von Johannes befindet sich auf einer Dienstreise in Japan.
In Deutschland ist es gerade 6.50 Uhr und Johannes sitzt beim Frühstück.
Er überlegt, wie spät es jetzt wohl in Japan ist.
Der Zeitunterschied beträgt + 8 h.

A: _____

④ Eine Weltraumrakete startet in Cape Canaveral (USA) um 16.30 Uhr Ortszeit.
Bei uns ist es 6 Stunden später. Welche Uhrzeit haben wir in Deutschland?

A: _____

⑤ Die Fußballweltmeisterschaft 2014 findet in Brasilien statt.
Die Zeitverschiebung zu unserer Sommerzeit beträgt − 5 h.
Zu welcher Zeit können wir die Fußballspiele im Fernsehen live anschauen,
die um 13.30 Uhr, 16.00 Uhr und um 20.30 Uhr in Brasilien beginnen?

Bei euch ist es
5 Stunden später.

A: _____

_____

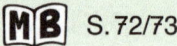
1 Lies jeweils den Text, löse die Aufgaben und ergänze die Skizzen.

a)
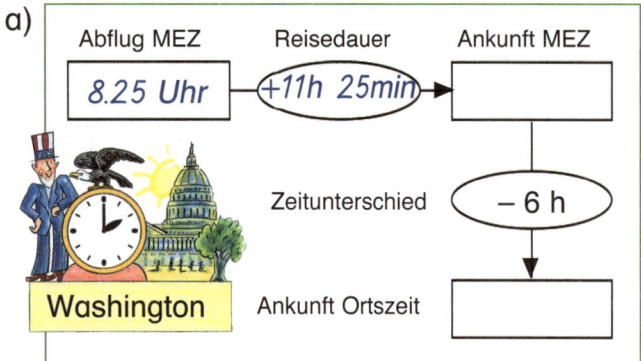

Abflug MEZ — Reisedauer — Ankunft MEZ

8.25 Uhr → +11h 25min →

Zeitunterschied — − 6 h

Ankunft Ortszeit

Washington

Ein Flugzeug startet um 8.25 Uhr in Frankfurt. Die Flugzeit nach Washington (USA) beträgt 11 Stunden 25 Minuten. Wann kommt es in Washington bei einem Zeitunterschied von − 6 h an?

_____

b)
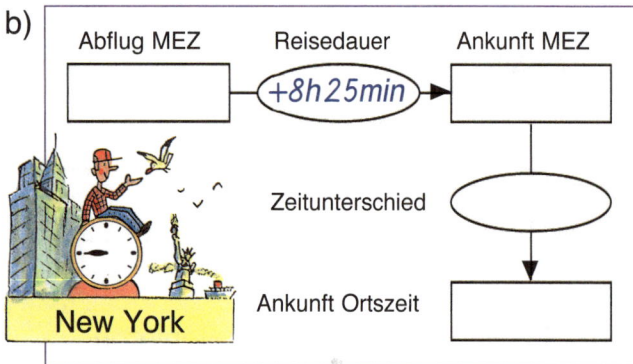

Abflug MEZ — Reisedauer — Ankunft MEZ

+8h 25min →

Zeitunterschied

Ankunft Ortszeit

New York

Ein Flugzeug startet um 9.45 Uhr in München. Die Flugzeit nach New York beträgt 8 Stunden 25 Minuten. Wann landet es in New York bei einem Zeitunterschied von − 6 h?

_____

c)
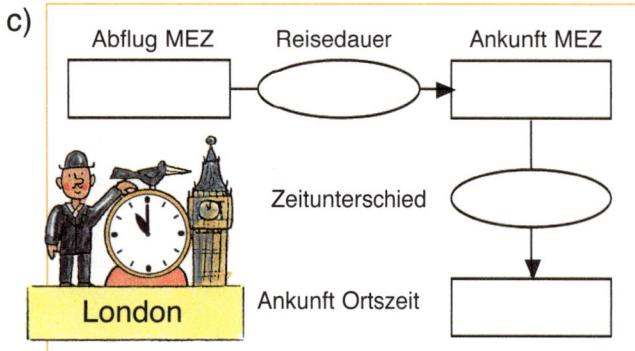

Abflug MEZ — Reisedauer — Ankunft MEZ

Zeitunterschied

Ankunft Ortszeit

London

Ein Flugzeug startet um 16.10 Uhr in Frankfurt. Die Flugzeit nach London beträgt 2 Stunden. Wann landet es dort bei einem Zeitunterschied von − 1 h?

_____

d)
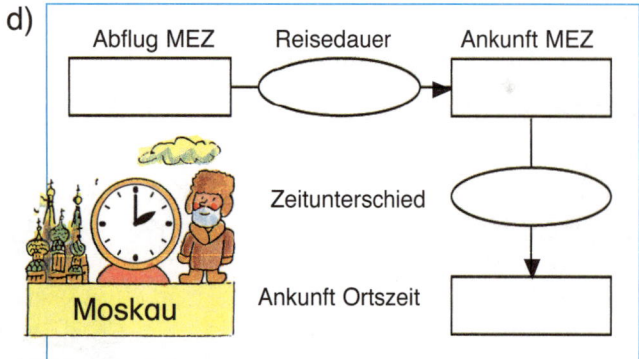

Abflug MEZ — Reisedauer — Ankunft MEZ

Zeitunterschied

Ankunft Ortszeit

Moskau

Ein Flugzeug startet um 9.35 Uhr in Berlin. Die Flugzeit nach Moskau beträgt 3 h 30 Minuten. Wann landet er dort bei einem Zeitunterschied von + 2 h?

_____

Schriftliches Multiplizieren mit großen Zahlen

1 Multipliziere schriftlich.

| 3 3 · 1 7 | 6 9 · 2 4 | 5 2 6 · 8 1 | 3 6 9 · 7 4 |

2 a) Wo stecken die Fehler? Verbinde mit dem passenden Fehlerteufelchen.

```
4 1 8 · 7 6          3 7 2 · 1 5          9 2 1 · 3 2          7 5 4 · 9 8
    2 9 2 6 0            3 7 2 0              2 7 6 3              6 3 5 6 0
+   2 5 0 2        +    1 8 6 0        +      1 8 4 2        +      5 6 0 2
   1                                          1 1                    1
    3 1 7 6 2            4 5 8 0              4 6 0 5              6 9 1 6 2
```

 Einmaleins-Fehler

 Nicht auf die Stellen geachtet

 Gemerktzahlen vergessen

b) Rechne richtig.

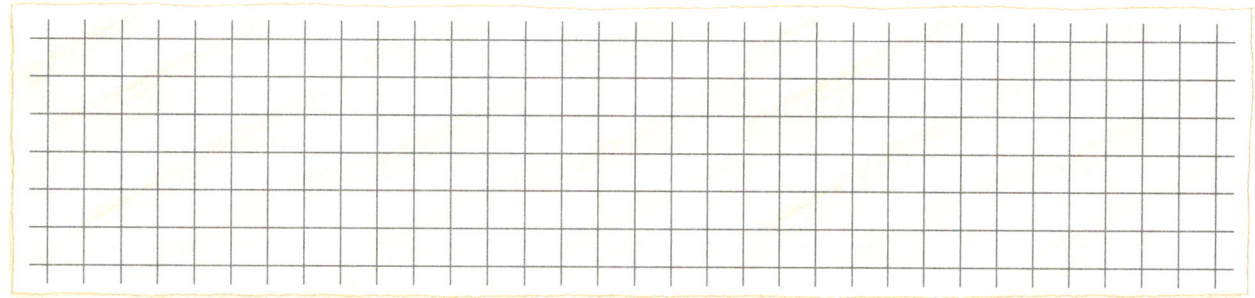

 3 Welche Zahlen fehlen?

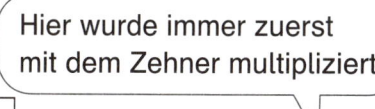 Hier wurde immer zuerst mit dem Zehner multipliziert.

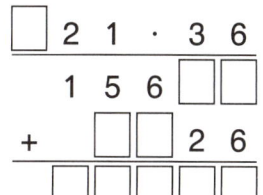

```
□ 2 1 · 3 6
  1 5 6 □□
+   □□ 2 6
 □□□□□
```

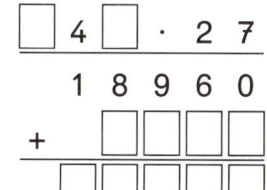

```
□ 4 □ · 2 7
  1 8 9 6 0
+ □□□□
 □□□□
```

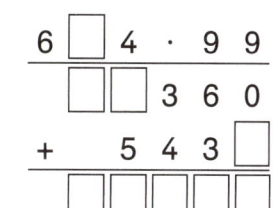

```
6 □ 4 · 9 9
  □□ 3 6 0
+   5 4 3 □
 □□□□□
```

```
□ 4 3 · 6 5
  4 4 5 8 0
+   □ 7 1 5
 □□□□
```

4 Aufgabenpaare! Schaffst du die zweite Aufgabe jeweils im Kopf?

a) 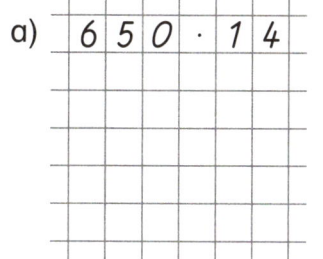 6 5 0 · 1 4   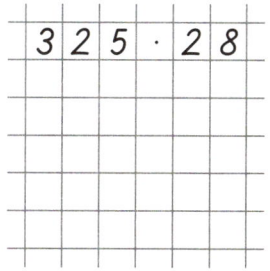 3 2 5 · 2 8

b) 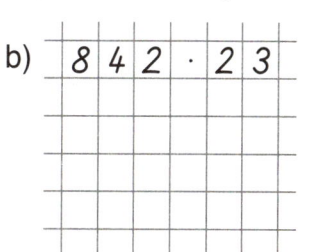 8 4 2 · 2 3   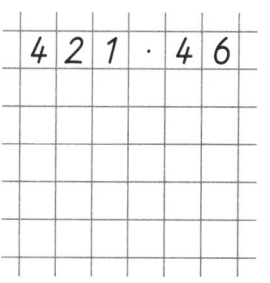 4 2 1 · 4 6

Zwei Aufgaben kann ich mir sparen.

1 Rechne nur die Aufgaben, deren Ergebnis zwischen 4 000 und 5 000 liegt.

| 59 · 74 | 22 · 24 | 45 · 95 | 63 · 78 | 86 · 44 |

2 Wie heißt das Lösungswort? ☐ ☐ ☐ ☐ R!

| 705 · 26 | 327 · 89 | 801 · 73 | 628 · 44 |

17 763	18 330	24 700	27 632	29 103	36 704	43 721	58 473
B	S	R	E	U	Z	A	P

3 Schöne Ergebnisse

| 481 · 21 | 962 · 42 | 555 · 91 | 1 554 · 39 |

⭐ **4** Welche Nachbarzahlen ergeben genau das angegebene Ergebnis, wenn man sie multipliziert?

Schau dir die Einerstelle an! Auch der Überschlag hilft dir.

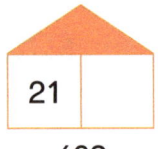
21

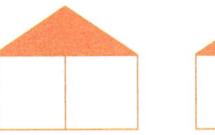

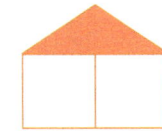

462   1 122   2 070   6 642

① Frau Schaudig kauft ein. Wie viel muss sie bezahlen?

Einkauf	Einzelpreis	Menge	Gesamtpreis
2 Ananas	*1,29 €*	*2*	
5 Kiwis			
Trauben			
3 Salate			
		Summe:	

A: _____

② Melanie und Petra holen sich 1 kg Mandarinen und 4 Kiwis.
Sie bezahlen mit einem 5-Euro-Schein. Wie viel Geld bleibt übrig?

A: _____

③

Preise:
Krapfen 0,99 €
Brötchen 0,33 €
Kirschtörtchen 1,45 €

Angebote für 2 €:
• 3 Krapfen
• 10 Brötchen
• 2 Kirschtörtchen

5 Brötchen	*33 ct · 5 =*
20 Brötchen	
7 Krapfen	
11 Krapfen	
3 Kirschtörtchen	
4 Kirschtörtchen	

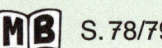
1 Die vierten Klassen der Erich-Kästner-Schule besorgen für das Klassenfest:

kg 1,69 €

stück 1,29 €

250 g 1,19 €

stück 0,55 €

500 g Becher 0,79 €

kg 1,79 €

Einkauf	Einzelpreis	Gesamtpreis
3 Becher Quark		
50 Brezeln	0,55 €	
2 kg Weintrauben		
3 kg Bananen		
2 Honigmelonen		
2 Päckchen Butter		
Summe:		

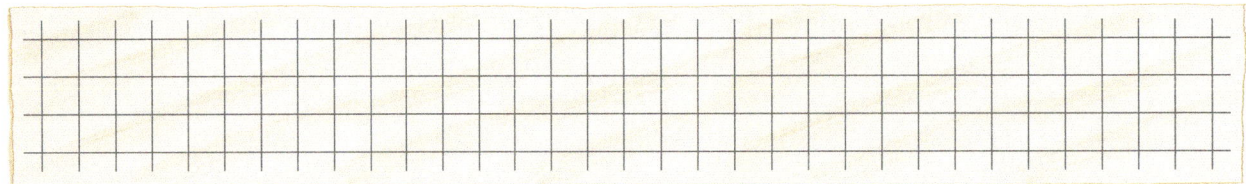

2 An Speisen werden verkauft:
50 Butterbrezeln, 22 Obstspieße, 25 Becher Früchtequark.

Butterbrezel 0,95 €

Obstspieß 0,50 €

Früchte- quark 0,50€

a) Wie viel wurde eingenommen?

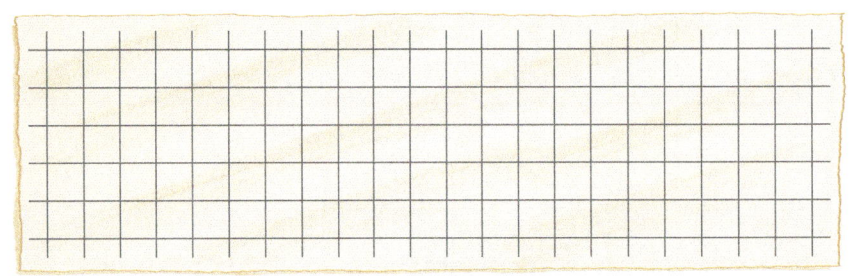

Zusammen:

Brezeln _____ €

Spieße _____ €

Quark _____ €

Summe _____ €

b) Wie viel Geld bleibt
am Ende für die
Klassenkassen übrig?

Einnahme: _____ €

Ausgabe: _____ €

Gewinn für die
Klassenkassen: _____ €

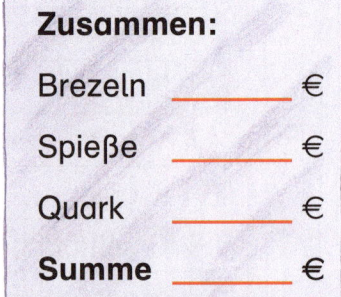

Geometrisches Zeichnen

(1) Zeichne zu den Geraden je 2 senkrechte Geraden (blau)
und 2 parallele Geraden (grün). Markiere die rechten Winkel.

Zeichen für „Rechter Winkel"

(2) Zeichne um jeden Punkt einen Kreis mit 1,2 cm Radius. Male das fertige Bild aus.

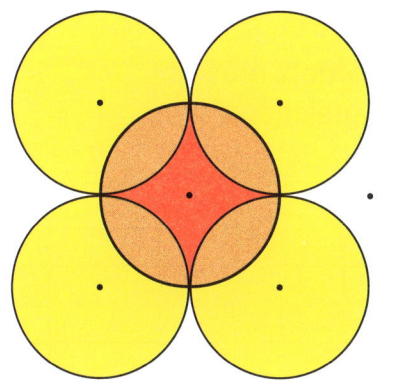

(3) Ergänze die Strecken zu Quadraten. Male die Flächen farbig aus.

 (4) Zeichne Quadrate mit 4 cm Seitenlänge.
Zeichne dann die Punkte und die Kreise ein.
Male die Figuren farbig an.

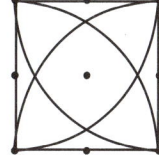 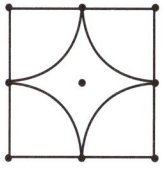 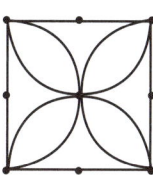

① Kreuze alle Quadernetze an.

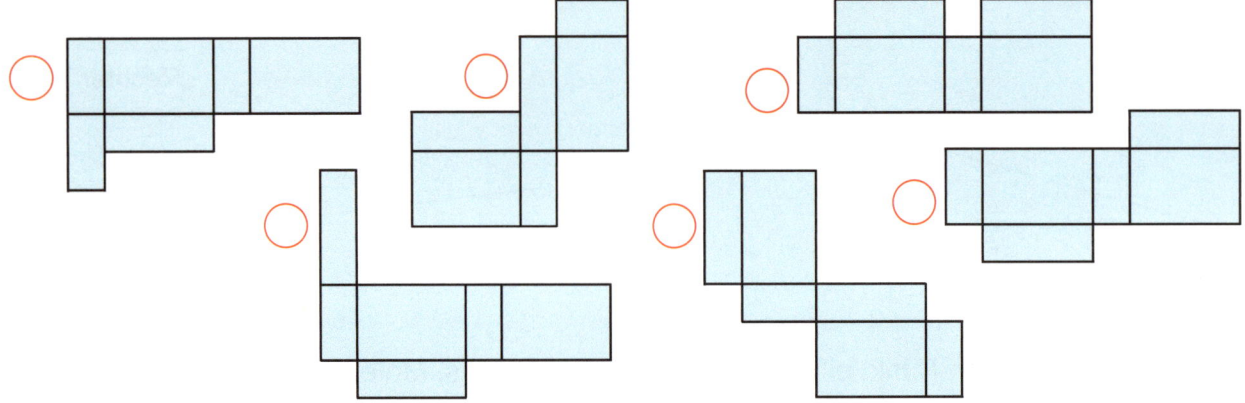

② Ergänze die fehlenden Teile, sodass jeweils ein Quadernetz entsteht.
Färbe die Flächen, die sich gegenüber liegen, mit der gleichen Farbe.

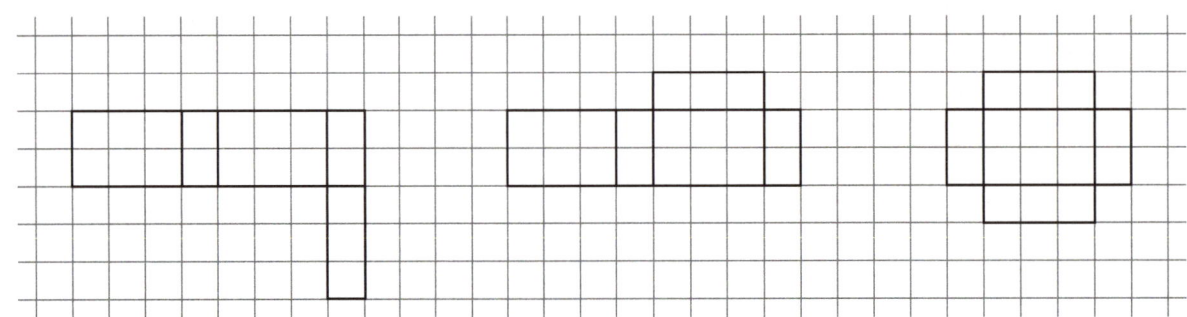

③ Immer zwei Becher ergeben einen Liter. Schreibe auf.

575 ml + _____ ml = 1 l   _____   _____

④ Rechne um.

125 ml = _____ l   0,375 l = _____ ml

250 ml = _____ l   0,950 l = _____ ml

1000 ml = _____ l   0,5   l = _____ ml

1250 ml = _____ l $\frac{1}{2}$ l = _____ ml

⑤ Vergleiche mit ⟨<⟩, ⟨>⟩, ⟨=⟩.

0,3 l ◯ 300 ml $\frac{1}{2}$ l ◯ 250 ml   0,2 l ◯ 20 ml

0,22 l ◯ 22 ml   200 ml ◯ $\frac{1}{4}$ l   125 ml ◯ $\frac{1}{2}$ l

① Immer 2 Aufgaben haben das gleiche Ergebnis.
Umrahme mit der gleichen Farbe.

5 9 7 · 4	1 5 9 6 7 · 3	1 9 0 5 · 8	7 5 6 · 6	1 2 9 8 · 9

3 0 4 8 · 5	6 8 4 3 · 7	3 9 8 · 6	5 8 4 1 · 2	5 0 4 · 9

② Überschlagsrechnen

Welcher Überschlag kommt dem Ergebnis am nächsten?
Kreuze an und rechne nach.

1 9 · 3 1	8 8 · 5 2	4 8 7 · 2 5	5 4 3 · 4 8

○ 10 · 30	○ 80 · 50	○ 400 · 20	○ 500 · 40
○ 20 · 30	○ 90 · 50	○ 400 · 30	○ 500 · 50
○ 10 · 40	○ 80 · 60	○ 500 · 30	○ 600 · 40
○ 20 · 40	○ 90 · 60	○ 500 · 20	○ 600 · 50

③ Zwei Ergebnisse sind falsch. Finde sie mithilfe des Überschlags.
Rechne richtig.

a) 935 · 8 = 7 480

Ü: _____

b) 907 · 49 = 4 444

Ü: _____

c) 6 001 · 55 = 33 055

Ü: _____

① Günstige Angebote? Vergleiche.

0,69 €   2,75 €   0,32 €   2,50 €   0,45 €   1,60 €

	Schokolade	Brötchen	Joghurt
Einzelpreis	0,69 €		
Packungspreis	2,75 €		
Preis für 1 Stück in der Packung	2,75 € : 5 = 0,55 €		

② Sabine kauft günstig ein: 6 Tafeln Schokolade, 5 Joghurt und 12 Brötchen.
Wie viel muss sie bezahlen?

Einkauf	Kosten
6 Tafeln Schokolade	
5 Joghurt	
12 Brötchen	
Gesamtkosten	

A: _____

③ Berechne die Preise für Käse. Rechne und schreibe in die Preistabelle.

Gouda	
1 kg	10,00 €
500 g	
250 g	
100 g	
200 g	

Bergkäse	
100 g	2,40 €
1000 g	
500 g	
250 g	
750 g	

Emmentaler	
1 kg	16,00 €
500 g	
250 g	
100 g	
200 g	

④ Zeichne nach. Benutze Zirkel und Lineal.

Schriftliches Dividieren und Fehlern auf der Spur

(1) Dividiere schriftlich.

7	7	1	:	3	=									

9	5	2	:	8	=	

8	3	5	:	5	=	

(2) Nummeriere in der richtigen Reihenfolge die Schritte, die du beim schriftlichen Dividieren brauchst.

○ Dividieren

○ Subtrahieren

○ Herunterholen der nächsten Stelle

○ Multiplizieren

(3)

7	7	2	0	:	8	=

4	4	8	8	:	6	=

2	1	4	8	:	4	=

(4) Wo liegt der Fehler? Markiere die „Fehlerstelle" farbig. Erkläre und rechne richtig.

```
  1 0 8 2 4 : 6 = 1 8 4
-   6
    4 8
  - 4 8
      0 2 4
    -   2 4
          0
```

```
  2 0 5 8 : 7 = 2 9 3 1
- 1 4
    6 5
  - 6 3
      2 8
    - 2 1
        7
      - 7
        0
```

55

Dividieren – Schriftlich oder im Kopf

1 Dividiere schriftlich und mache die Probe.

3 6 5 7 4 : 6 =

P:

1 2 8 9 0 : 3 =

P:

2 Dividiere. Kannst du jeweils die zweite Aufgabe lösen,
ohne schriftlich zu rechnen?

7 3 4 8 7 : 7 =

7 3 4 8 6 : 7 = _____

4 9 3 0 6 : 8 =

4 9 3 0 8 : 8 = _____

Rechne mit Köpfchen!

3 Wie weit schaffst du es im Kopf?

a) 4 000 : 4 = _____

    4 800 : 4 = _____

    4 840 : 4 = _____

    4 848 : 4 = _____

    4 856 : 4 = _____

b) 4 000 : 8 = _____

    4 800 : 8 = _____

    4 840 : 8 = _____

    4 848 : 8 = _____

    4 856 : 8 = _____

c) 4 000 : 5 = _____

    4 800 : 5 = _____

    4 840 : 5 = _____

    4 848 : 5 = _____

    4 856 : 5 = _____

Rechne die restlichen Aufgaben schriftlich.

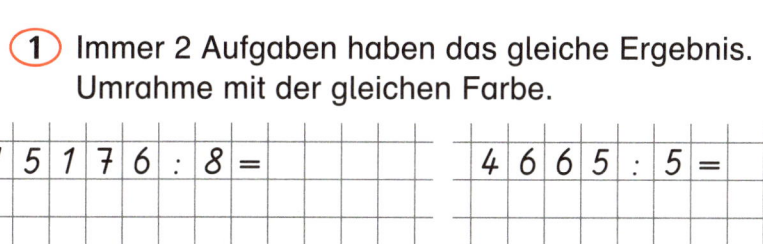

1 Immer 2 Aufgaben haben das gleiche Ergebnis.
Umrahme mit der gleichen Farbe.

15176 : 8 =

4665 : 5 =

5691 : 3 =

27397 : 9 =

5598 : 6 =

6089 : 2 =

2 Schätze zuerst die Anzahl der Stellen ab und verbinde die Aufgaben mit dem
passenden Ergebnis. Wenn du dir nicht sicher bist, musst du auf einem Blatt rechnen.

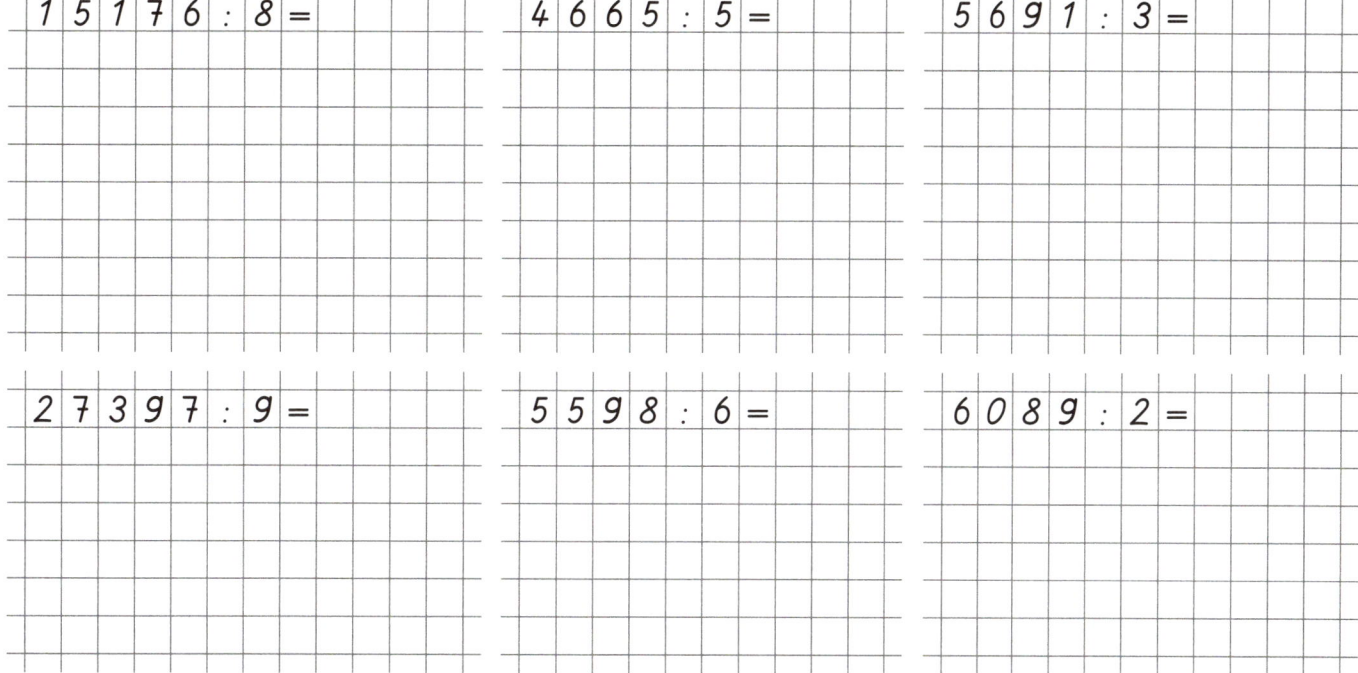

115720 : 20

45012

4562

3784

135036 : 3

114050 : 25

5786

305

5689

62579 : 11

22704 : 6

3660 : 12

3 Dividiere
schriftlich.

12450 : 50 =

12400 : 25 =

7634 : 11 =

10164 : 12 =

Dividieren durch große Zahlen

1 Dividiere schriftlich. Es kann auch ein Rest bleiben.

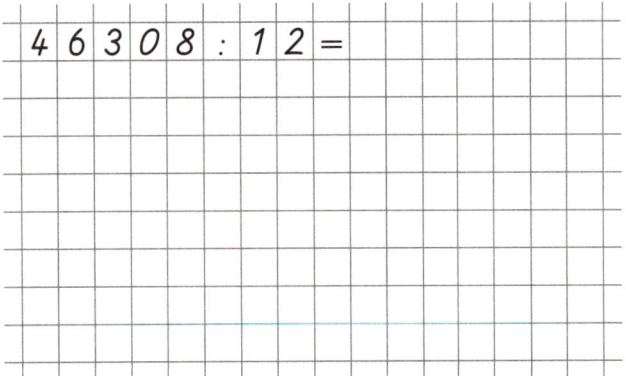

46308 : 12 =

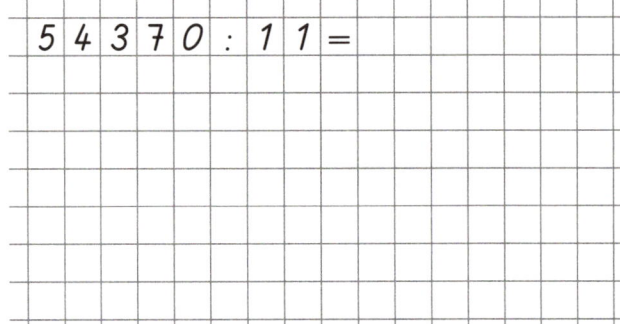

54370 : 11 =

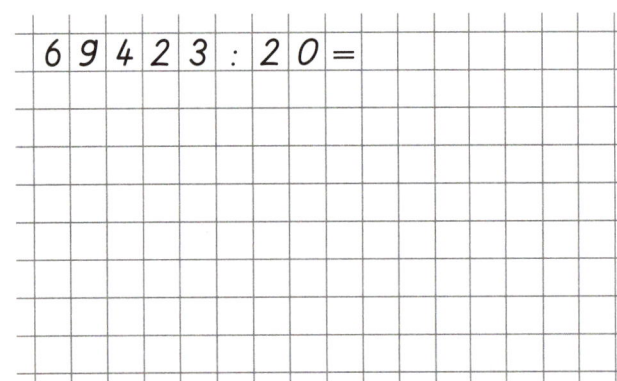

69423 : 20 =

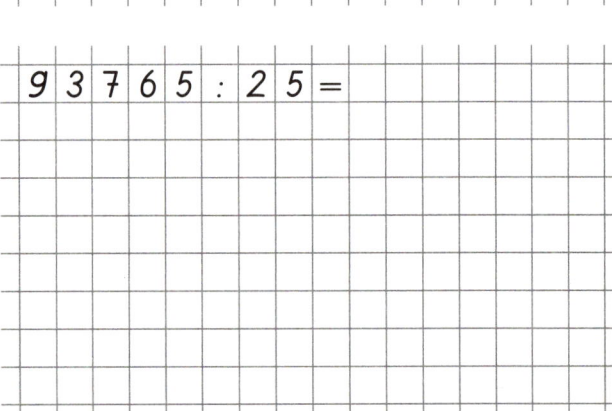

93765 : 25 =

2 Nummeriere in der richtigen Reihenfolge die Schritte, die du beim schriftlichen Dividieren brauchst.

◯ Subtrahieren

◯ Multiplizieren

◯ Zwischenkontrolle

◯ Dividieren

◯ Herunterholen der nächsten Stelle

Vergleiche mit S. 55 Aufgabe **2**.

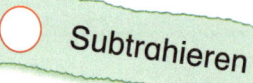

3 a) Wie viele Stellen hat das Ergebnis? Male an.

Ergebnis mit 3 Stellen   **Ergebnis mit 4 Stellen**   **Ergebnis mit 5 Stellen**

| 103 466 : 11 | 183 612 : 12 | 11 950 : 25 | 383 204 : 4 |
| 75 288 : 6 | 56 960 : 20 | 265 950 : 50 | 7 008 : 12 |

b) Löse die Aufgaben mit dreistelligem Ergebnis.

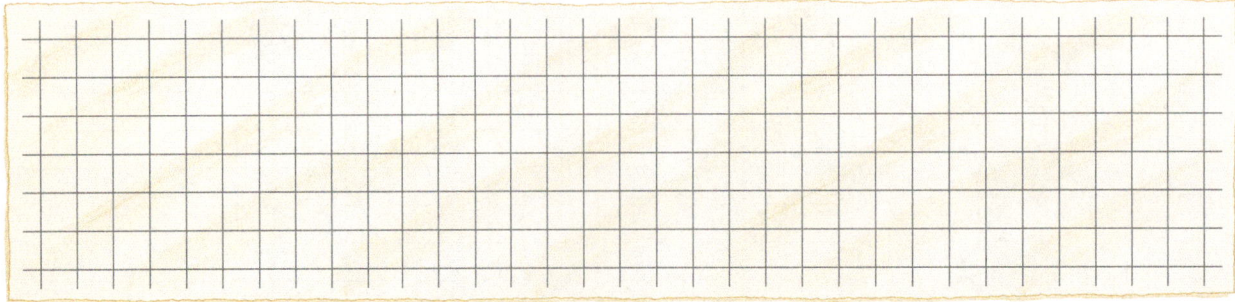

1 a) Male an: ohne Rest | Rest 1 | Rest 2 | Rest 3 .

893 411 : 4

3 424 : 4   71 417 : 4   29 028 : 4   56 322 : 4

79 007 : 4   944 : 4   12 850 : 4   3 437 : 4

Eine Zahl ist durch 4 teilbar, wenn die letzten beiden Stellen ...

b) Löse die Aufgaben, die ohne Rest durch 4 teilbar sind.

2 Rechne nur Aufgaben, bei denen kein Rest entsteht.

7 620 : 3   84 028 : 3   973 421 : 3
13 694 : 3   13 521 : 3   522 : 3

Eine Zahl ist durch 3 teilbar, wenn die Quersumme ...

3 Verändere die Zahlen an der Einerstelle so, dass sie durch 9 teilbar sind. Rechne.

1 856   24 047   831

1 Tierbabys sind bei ihrer Geburt unterschiedlich schwer.
Erstaunlich, wie schwer sie als ausgewachsene Tiere sind.

	Tierbaby	ausgewachsenes Tier
Pandabär	100 g	60 kg
Elefant	100 kg	6 t
Känguru	1 g	70 kg
Giraffe	60 kg	1 200 kg
Blauwal	3 t	150 t
Tiger	1 kg	300 kg

a) Ordne die Tiere nach ihrem Geburtsgewicht.

Känguru , _____ , _____ , _____ , _____ , _____

b) Wie verändert sich die Reihenfolge, wenn die Tiere ausgewachsen sind? Ordne.

_____ , _____ , _____ , _____ , _____ , _____

c) Welche Tiere wiegen ausgewachsen mehr als 500 kg?

_____ , _____ , _____

d) Welche ausgewachsenen Tiere sind leichter als ein erwachsener Mensch (ca. 80 kg)?

_____ , _____

2 Welche Aussagen stimmen für die ausgewachsenen Tiere? Kreuze an.

○ Ein Tiger ist schwerer als eine Giraffe.
○ 20 Pandabären sind etwa genauso schwer wie eine Giraffe.
○ Ein Blauwal ist etwa 25-mal schwerer als ein Elefant.
○ Ein Känguru ist leichter als ein Pandabär.
○ 2 Pandas und 2 Kängurus sind leichter als ein Tiger.
○ Der Blauwal ist schwerer als alle anderen Tiere zusammen.

3 Berechne den Nahrungsmittelverbrauch eines Zoo-Elefanten
in 2 Tagen, in 10 Tagen und in 30 Tagen.

Tage	Heu	Mehl	Brot	Obst/Gemüse	Salz	Laub/Blätter
1	45 kg	3 kg	2 kg	12 kg	250 g	50 kg
2						
10						
30						

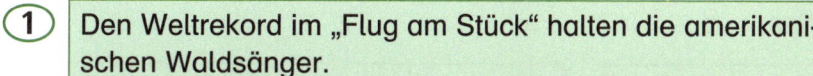
① Den Weltrekord im „Flug am Stück" halten die amerikanischen Waldsänger.
Von Kap Cod aus fliegen sie in Richtung Südost ab und lassen sich dabei von den Winden teilweise schieben. Bis zu den Bermudas benötigen sie etwa 18 Stunden, von den Bermudas bis Antigua brauchen sie etwa 48 Stunden. Cirka 14 Stunden dauert der Flug dann noch bis zur Nordküste Südamerikas (Tobago).

a) Zeichne die Strecken in die Karte ein.

b) Wie viele Stunden Flug haben die Vögel hinter sich, wenn sie in Tobago ankommen?

c) Die Strecke, die die Vögel zurücklegen, beträgt etwa 3 600 km. Berechne die durchschnittliche Geschwindigkeit pro Stunde (km/h).

A: _____

_____

② Der Rubinkehlkolibri ist ebenfalls ein bemerkenswerter Flieger. Er legt die 2 000 km lange Strecke über den Golf von Mexiko ohne Zwischenstopp zurück. Der winzige Vogel schafft in einer Stunde 40 km. Wie viel Zeit braucht er für die Flugstrecke?

A: _____

③ Auch der Mensch hat Langstreckenflieger entwickelt.
Ein Großraumflugzeug legt in einer Sekunde 300 m zurück.

Wie viele Kilometer schafft das Flugzeug in einer Stunde?

A: _____

1 Jedes Bild steht für eine Ziffer.

a)

b)

c)

2 Trage die fehlenden Zahlen und Rechenzeichen ein.

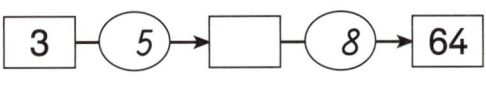 

3 Startnummern
Genau 100 Athleten nehmen am Marathonlauf teil.
Sie tragen die Startnummern 1–100.
Wie viele Starter tragen mindestens eine 9 in ihrer Startnummer?

Startnummer: _____

Achtung! Knifflig.

4 Eine kinderreiche Familie
Die Schmidts haben 6 Kinder. Karla kam vor Herbert, Stine kam vor Paul, Lilly kam nach Karla, Herbert vor Stine, Paul nach Karla, Lilly nach Herbert, Stine nach Karla, Paul vor Lilly, Lilly nach Stine. Paul kam nach Herbert und Stephan ist der Jüngste. Jetzt ist die Reihenfolge doch klar oder …?

Reihenfolge:

5 In jedem Kasten steht jede Figur jeweils für eine Ziffer. Findest du sie?

a)  b) 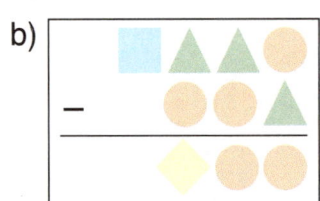 c)

… und hier wird es superknifflig.

①

Male die Jacken und die Hosen der Familie in der richtigen Farbe an.
Schreibe die Namen ins Kästchen.
Lies zuerst die Sätze und färbe, was eindeutig ist.

Noah hat eine blaue Hose an.
Josua steht nicht direkt an der Kasse.
Ein Nachbar von Mama trägt eine braune Hose.
Eine Person neben Mama trägt eine rote Jacke.
Die Person mit der braunen Hose steht neben einem Mann mit schwarzer Jacke.
Die Person neben Lea trägt eine graue Hose.
Lea steht am weitesten von der Kasse entfernt.
Papa steht zwischen dem Kind mit der rosa Jacke und dem Jungen
mit der blauen Jacke.
Eine Person hat eine braune Jacke.
Zwei Hosen sind weiß.

② In einer Spielkiste sind 14 Bälle. Sie sind rosa, braun und weiß. Die Anzahl der braunen
Bälle ist 6-mal so groß wie die Anzahl der weißen Bälle.
Wie viele rosa farbige Bälle sind in der Kiste?

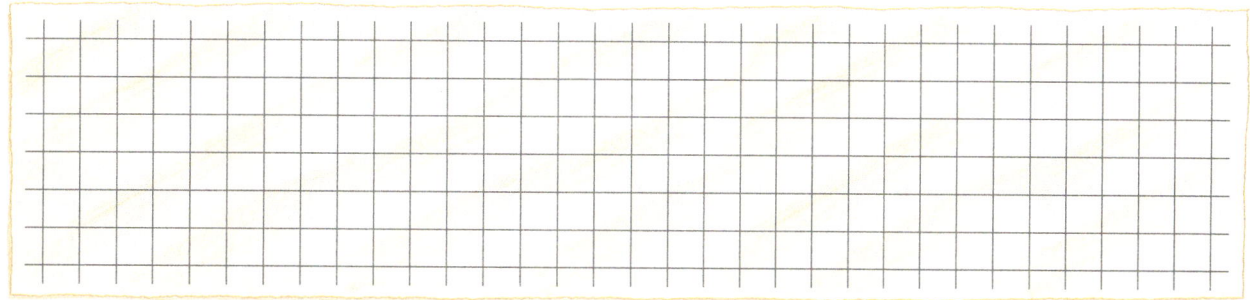

A: Es sind _____ rosa Bälle.

① Aus wie vielen Würfeln besteht der Körper?
Wie viele Würfel fehlen zum Quader?

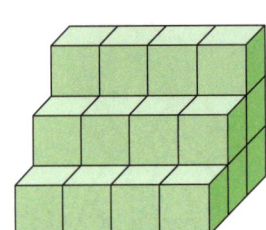

A

Würfel: _____

Es fehlen: _____

B

Würfel: _____

Es fehlen: _____

C

Würfel: _____

Es fehlen: _____

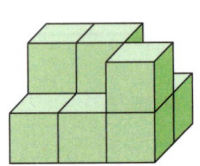

D

Würfel: _____

Es fehlen: _____

E

Würfel: _____

Es fehlen: _____

F

Würfel: _____

Es fehlen: _____

② Welcher Bauplan passt zu welchem Würfelgebäude aus Nr. ①?

a) Trage die Buchstaben ein.

2	2	1
1	1	2

3	2	3	3
1	2	1	1

3	3	3	3
2	2	2	2
1	1	1	1

3	2
3	2
6	2

_____   _____   _____   _____

b) Zwei Baupläne fehlen. Zeichne sie.

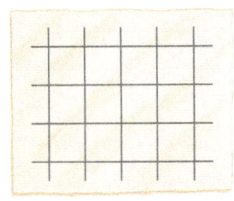

_____   _____

1 Wie viele kleine Würfel sind in dem großen Würfel?
Wie viele Würfel fehlen?

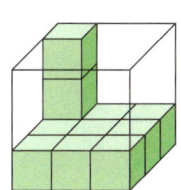 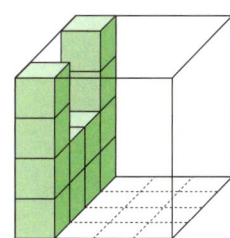 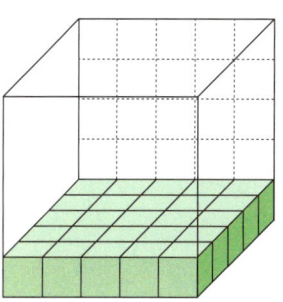

Würfel: _____   Würfel: _____   Würfel: _____

Es fehlen: _____   Es fehlen: _____   Es fehlen: _____

2 Würfelpuzzle: Hier sind acht Würfelteile. Zwei gehören jeweils zusammen.
Schreibe ihre Buchstaben auf.

a)    b)    c)    d)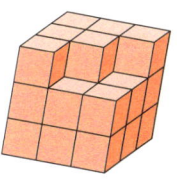

e)    f)    g)    h)

_a_ und _____   _____ und _____   _____ und _____   _____ und _____

3 So entsteht eine Würfeltreppe

 Diese Würfeltreppe soll in gleicher Bauweise erweitert werden.

a) Wie viele Würfel hat diese Treppe? _____ Würfel

b) Es werden noch zwei Stufen dazugebaut.
   Wie viele Würfel benötigt man? _____ Würfel
   Wie viele Würfel hat die Treppe dann insgesamt? _____ Würfel

c) Wie viele Würfel hat die Treppe, wenn sie 7 oder gar
   8 Stufen hat?
   bei 7 Stufen _____ Würfel   bei 8 Stufen _____ Würfel

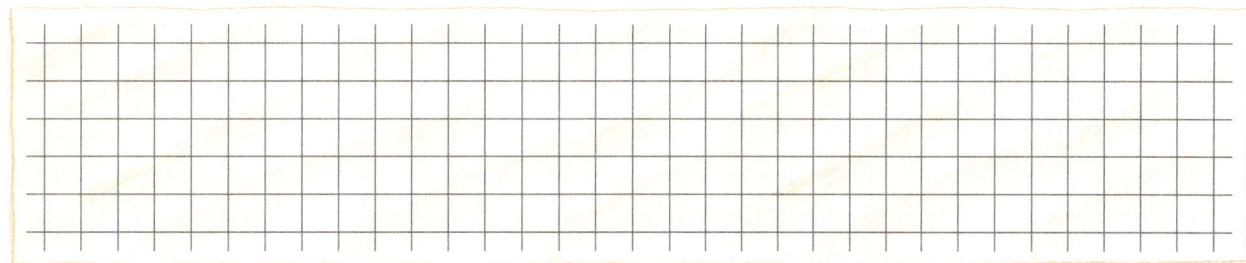

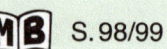

1 Verbinde die Aufgabe mit dem passenden Überschlag.

378 · 21   459 · 23   44 · 26   48 · 29   44 · 15

500 · 20   400 · 20   40 · 20   40 · 30   50 · 30

2 Verbinde die Aufgabe mit dem passenden Überschlag. Rechne den Überschlag aus.

| 5 600 : 8 = _____ |
| 6 300 : 9 = _____ |

| 6 218 : 9 | 5 200 : 7 |
| 5 732 : 8 | 792 : 9 |

| 4 900 : 7 = _____ |
| 810 : 9 = _____ |

3 Überschlage und rechne.

708 · 29

Ü: 700 · 30 =

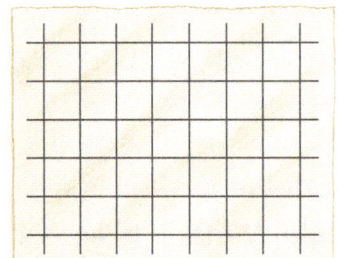

681 · 47

Ü: ·   =

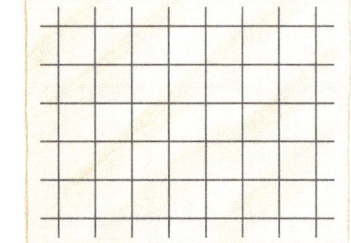

262 · 38

Ü: ·   =

4 968 : 8

Ü: :   =

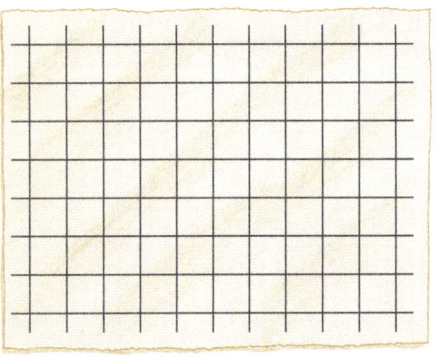

5 523 : 7

Ü: :   =

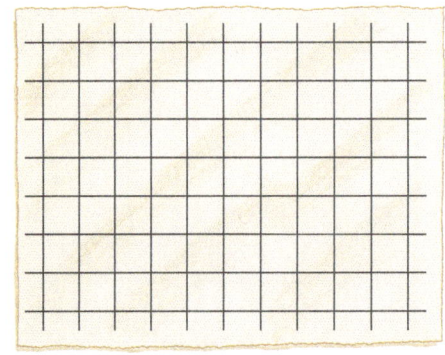

6 792 : 12

Ü: :   =

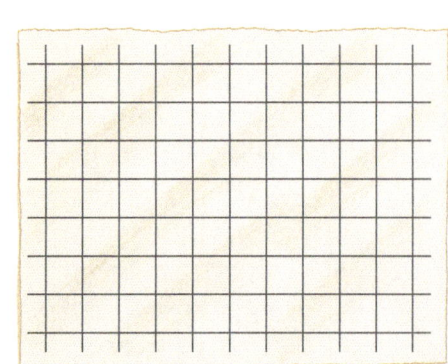

Was ist im Säckchen?

1 Welches Säckchen könnte zu welchem Versuchsergebnis passen? Verbinde.

rot	卌 卌						
blau	卌 卌 卌 卌 II						
gelb	卌 卌 卌 III						
grün	卌 卌						

rot							
blau	卌 卌 卌 IIII						
gelb	卌 卌 IIII						
grün	卌 卌 卌 卌 II						

rot	卌 卌 卌 卌 卌 卌 卌						
blau	卌 卌 IIII						
gelb							
grün	卌 卌 I						

rot	卌 II					
blau	卌 卌 I					
gelb	卌 卌 IIII					
grün	卌 卌 卌 卌 卌 III					

rot	卌 卌 卌 卌 I					
blau	卌 卌 卌 I					
gelb						
grün	卌 卌 卌 卌 III					

rot	卌 卌 卌 卌 卌 卌 III					
blau	卌 III					
gelb	卌 II					
grün	卌 卌 II					

2 In einem Säckchen sind 5 Würfel. Elias hat 60-mal gezogen. Welche Aussagen könnten stimmen? Kreuze an.

a)

rot	卌 卌				
blau	卌 卌 卌 卌 I				
gelb	卌 卌 卌 卌 卌 IIII				
grün					

○ Es ist wahrscheinlich kein grüner Würfel im Säckchen.

○ Es sind bestimmt mehr rote als blaue Würfel.

○ Es könnten gleich viele blaue und gelbe Würfel sein.

○ Ein wahrscheinliches Ergebnis ist 🟧🟨🟨🟦🟦.

b)

rot	IIII				
blau	卌 卌 卌 I				
gelb	卌 卌 III				
grün	卌 卌 卌 卌 卌 卌 II				

○ Es sind gleich viele blaue, gelbe und grüne Würfel im Säckchen.

○ Es ist wahrscheinlich nur ein roter Würfel im Säckchen.

○ Es sind sicher alle vier Farben drin.

○ Das Ergebnis 🟧🟧🟩🟦🟨 ist eher unwahrscheinlich.

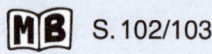

1 Spiegle an jeder Symmetrieachse.

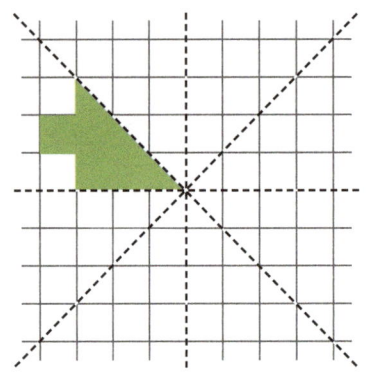

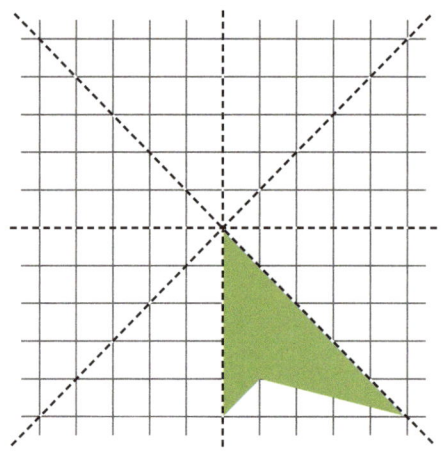

2 Zeichne zu jeder Figur das Drehbild.

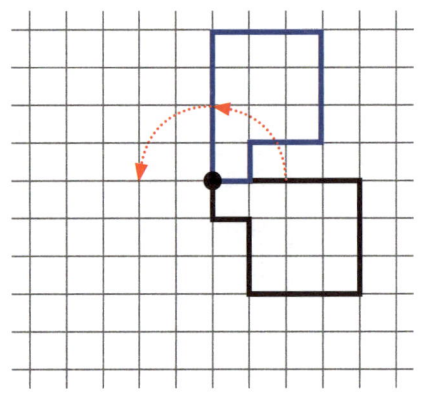

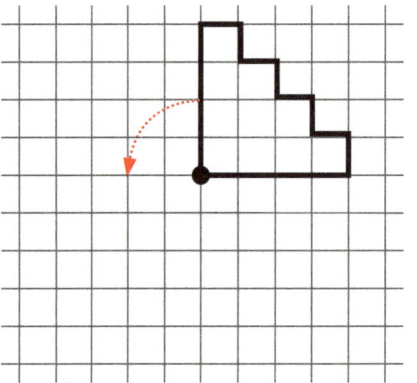

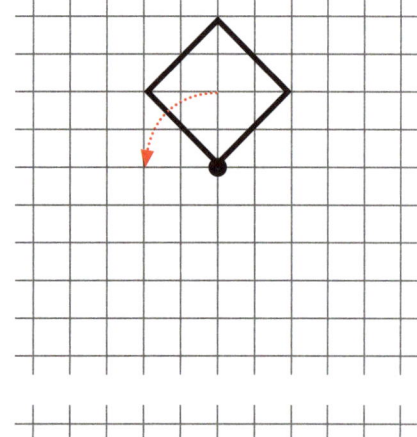

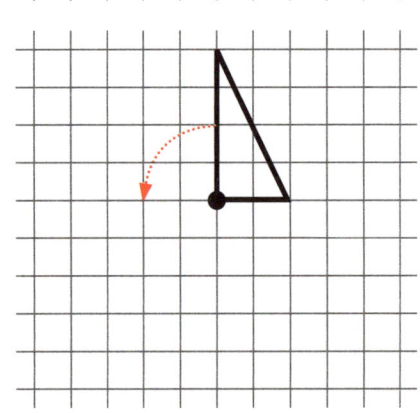

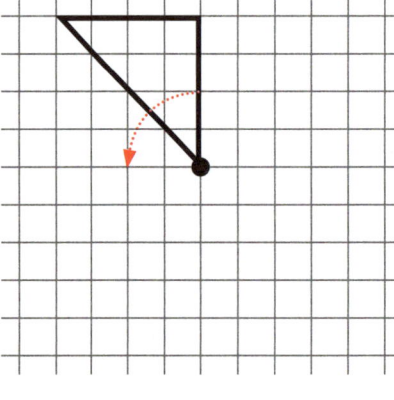

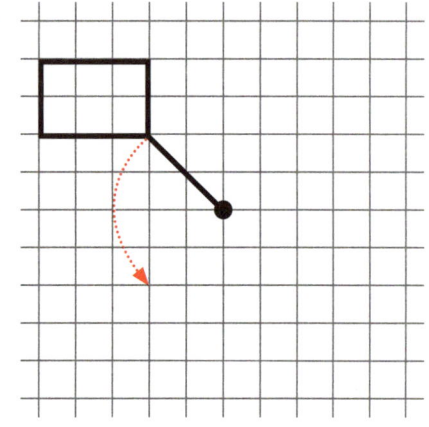

3 Färbe die Figur so, dass sie …

a) … drehsymmetrisch ist.

b) … achsensymmetrisch ist.

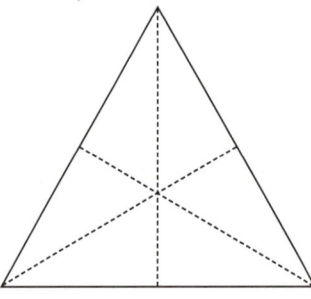

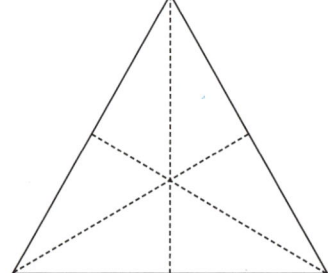

① Dividiere und mache die Probe mit der Multiplikationsaufgabe.

a)   1 2 6 9 0 : 3 =

P :

b)   8 6 4 0 : 5 =

P :

c)   1 8 5 4 : 9 =

P :

d)   4 5 7 8 : 7 =

P :

e)   3 6 5 7 0 : 6 =

P :

f)   2 9 3 6 : 4 =

P :

② Zeichne zu jeder Figur das Drehbild.

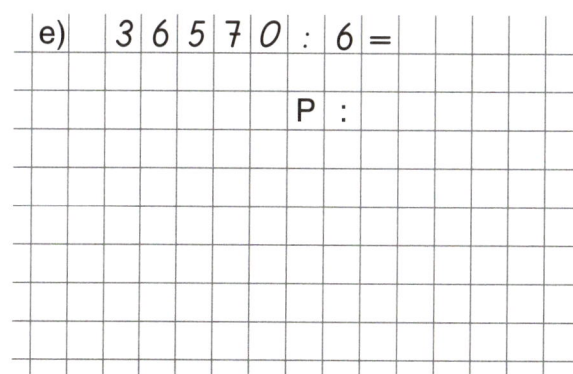
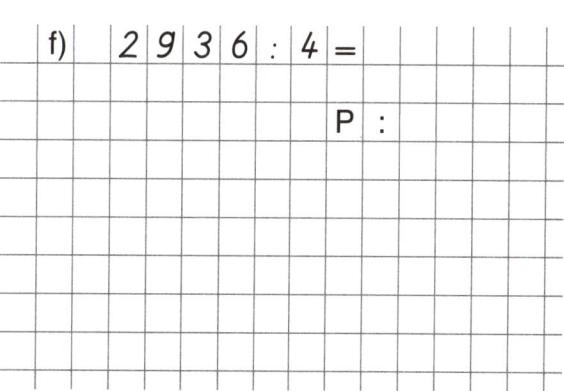

③ Setze das Muster fort.

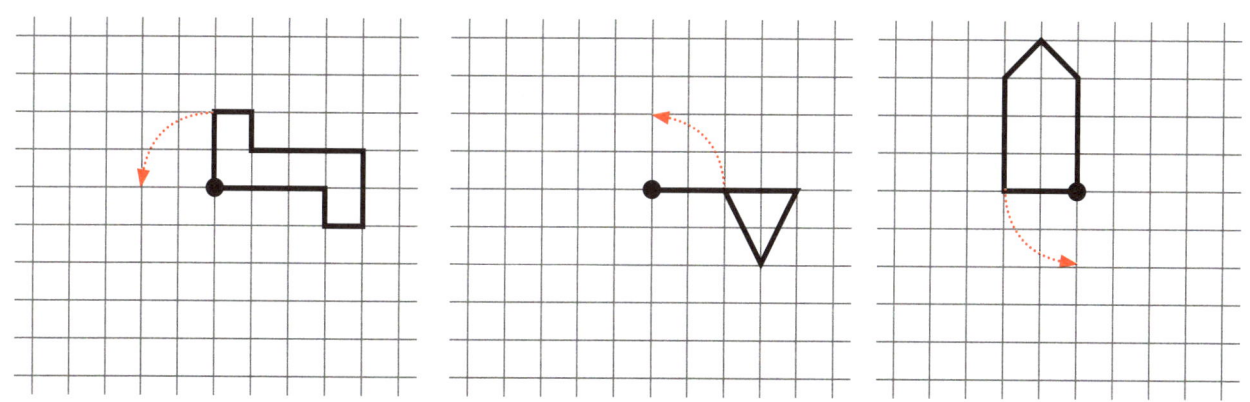

Wanderparadies Balderschwang

Maßstab 1 : 30'000

① Hier siehst du eine Wanderkarte von Balderschwang im Allgäu im Maßstab

_____. Das bedeutet: In Wirklichkeit ist alles _____ -mal

größer als auf der _____. 1 mm auf der Karte sind _____ mm oder

_____ m in Wirklichkeit.

② Miss auf der Karte ab, rechne um und ergänze die Tabelle.

Strecke	Karte	Vergrößerung	Wirklichkeit	
Hochschelpenlift	_36 mm_	_· 30 000_	_1 080 000 mm_	_____ m
Riedbergerhornlift				
Schwarzenberglift				
Höflelift				

③ Zeichne folgende Wege auf der Karte farbig ein.

a) **rot**: Vom Parkplatz am Riedbergerhornlift zum Parkplatz am Höflelift,

b) **grün**: Balderschwang → Gschwend → Bodenseehütte → Fuchs-Schelpen-Alpe
→ Seelos-Alpe → Schwarzenberg-Alpe → Schwabenhof → Schelpen-Alpe
→ Balderschwang,

c) **gelb**: Balderschwang → Schelpen-Alpe → Köpfle-Alpe → Gelbhansekopf
→ Bodenseehütte → Lappach-Alpe → Höfle-Alpe → Balderschwang.

Figuren verschieben

1 Verschiebe diese Figuren immer weiter.

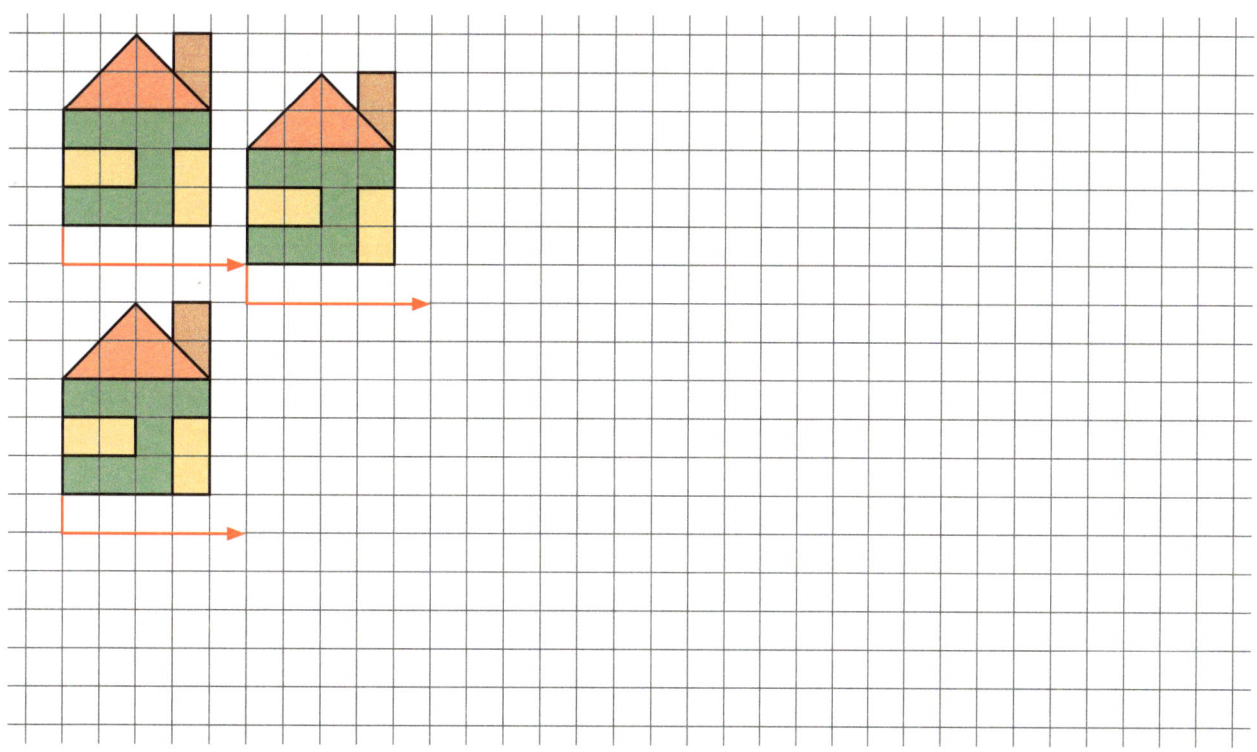

2 Hier entsteht beim Verschieben ein Muster. Zeichne fertig.

a)

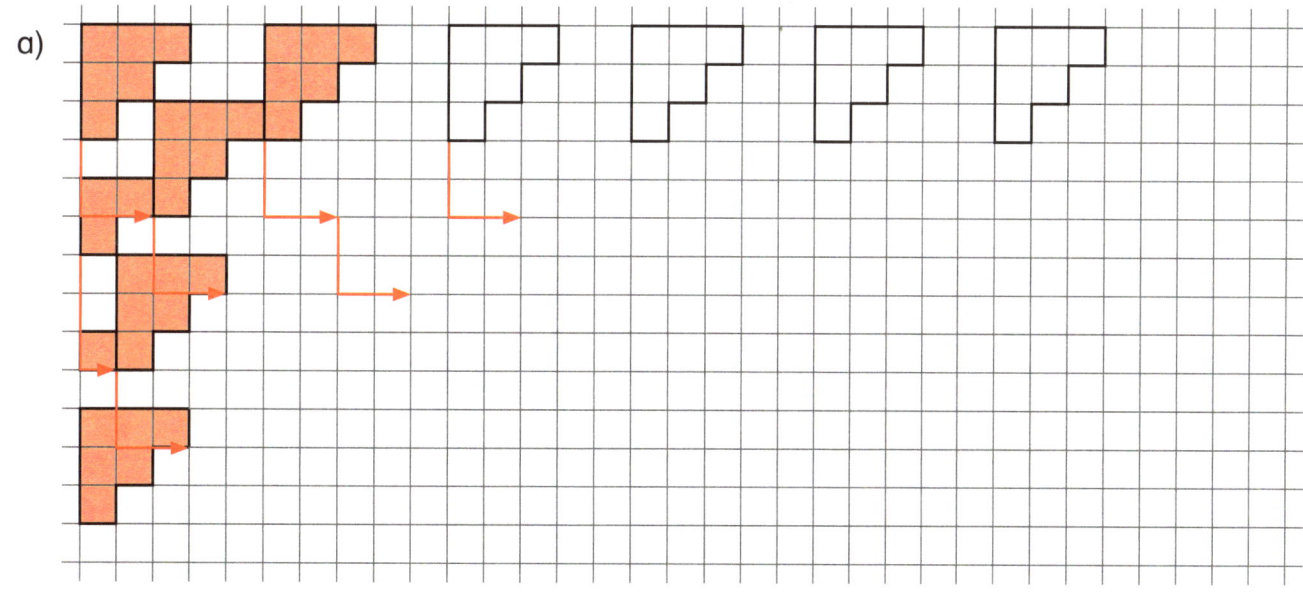

b)

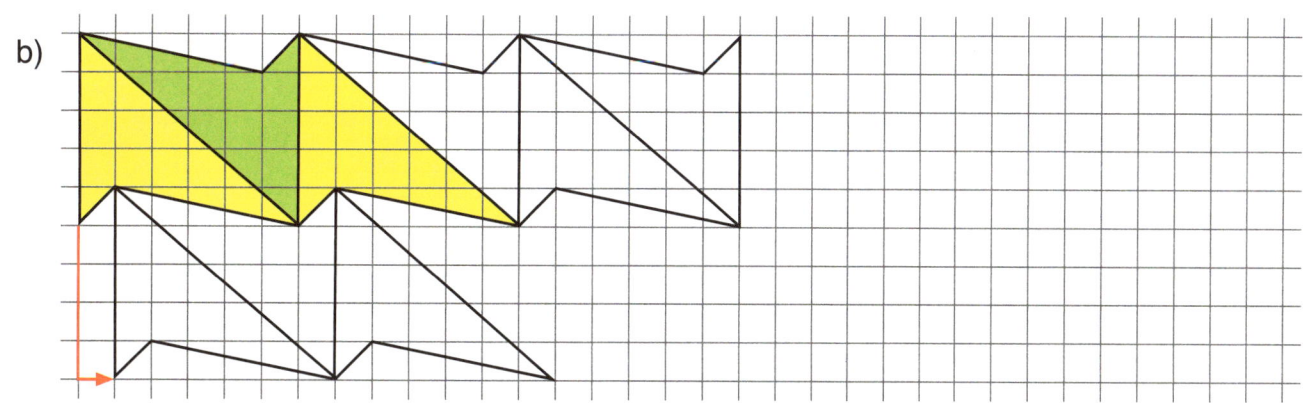

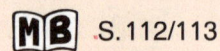

1 Tippe ein. Du kannst auch Zwischenergebnisse aufschreiben.

300 ⊞ 400 ⊟ ⊟ ⊟   1 300 ⊞ 1 300 ⊟ ⊟ ⊟

_____   _____

1 000 000 ⊡ 2 ⊟ ⊟ ⊟   100 000 ⊟ 30 000 ⊟ ⊟ ⊟

_____   _____

2 Du kannst dich auch vertippen. Darum kontrolliere mit dem Überschlag!

a) 112 400 ⊞ 40 300 ⊟ _____   b) 38 025 ⊟ 17 897 ⊟ _____

    Ü: _____   Ü: _____

c) 295 ⊡ 18 ⊟ _____   d) 612 ⊡ 3 ⊟ _____

    Ü: _____   Ü: _____

3 Aus wie vielen Würfeln besteht der 21. Turm? Hat Bim recht?

> Der nächste Turm ist immer doppelt so hoch.

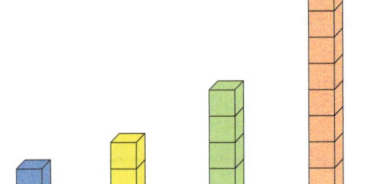

> Der letzte Turm hat mehr als 1 000 000 Würfel.

_1_	_2_	_4_	_8_						
1.	2.	3.	4.	5.	6.	7.	8.	9.	10.

11.	12.	13.	14.	15.	16.

17.	18.	19.	20.	21.

4 Eine Grundschule kauft Spiel- und Sportgeräte. Löse mit dem Taschenrechner.

Sport Petermann

Anzahl	Sportartikel	Einzelpreis	Gesamtpreis
12	Wurfring	4,05 €	
4	Pedalo	49,95 €	
8	Catchball	9,90 €	
10	Softball	7,80 €	
		Summe:	

1 Stefan kommt auf dem Heimweg an einem Bauernhof vorbei.
Dort leben Schweine und Hühner. Er zählt 30 Köpfe und 96 Beine.
Setze die Tabelle fort und löse die Aufgabe.

Kühe		Hühner		Gesamtzahl	
Köpfe	**Beine**	**Köpfe**	**Beine**	**Köpfe**	**Beine**
10	40	20	40	30	80

Aha, ich brauche mehr Beine, also …

2 Auf der Koppel sind Pferde und Fliegen. Es sind 24 Köpfe und 120 Beine.
Wie viele Pferde und Fliegen sind es?

3 Auf dem Misthaufen krabbeln Käfer und Spinnen.
Es sind 34 Köpfe und 224 Beine.

Spinnen haben ____ Beine.
Käfer haben ____ Beine.

1 Familie Stein will sich einen neuen Computer anschaffen. Er kostet 3 758 €. Herr Stein vereinbart mit dem Fachgeschäft, dass er 950 € anzahlt und den Rest in 8 gleich hohen Monatsraten bezahlt.

a) Welchen Betrag muss die Familie in Raten zahlen? _____

b) Wie hoch ist eine Rate? _____

2 Herr Müller träumt von einem Auto. Es kostet 30 000 €. Herr Müller müsste dafür einen Kredit bei der Bank aufnehmen. Er überlegt, dass er das geliehene Geld in monatlichen Raten zu 500 € in 5 Jahren zurückzahlen könnte.

a) Wie hat er gerechnet?

b) Weil die Bank für das geliehene Geld jedoch Zinsen (Leihgebühr) verlangt, würde es 6 Jahre und 8 Monate dauern, bis er sein Auto bezahlt hat. Wie teuer würde Herrn Müller das Auto tatsächlich kommen, wenn er monatlich 500 € abbezahlt?

c) Welchen Tipp würdest du Herrn Müller geben?

_____

3 Frau Müller will sich auch ein neues Auto kaufen und hat 4 000 € gespart. Der Wagen soll 10 570 € kosten. Für ihr altes Auto bekommt sie 4 050 €. Den fehlenden Betrag will sie in 9 gleichen Monatsraten bezahlen.

a) Welchen Betrag muss Frau Müller in Raten zahlen? _____

b) Wie hoch ist eine Monatsrate? _____

c) Wie hoch ist eine Rate, wenn Frau Müller nur 6 Monate für die Rückzahlung einplant? _____

Kreta

Flug pro Person:	80 € pro Flug
Hotel mit Vollpension:	43 € pro Person und Nacht
	30 € pro Kind und Nacht
	Kinder bis 4 Jahre übernachten kostenlos.

① Josua (8), Noah (5) und Lea (3) werden mit ihren Eltern auf Kreta Urlaub machen.
Wie hoch ist der Reisepreis für 10 Tage?

A: _____

② Die Frau im Reisebüro sagt: „Insgesamt befinden sich 480 Personen im Flugzeug.
Es sind 3-mal so viele Erwachsene wie Kinder."

Tipp: Das 3-fache und das 1-fache zusammen sind 4 Teile.

A: _____

③ Die Kinder wollen für den Urlaub noch einen gemeinsamen Rucksack kaufen.
Papa schlägt vor: „Ich zahle euch die Hälfte, wenn ihr die andere Hälfte bezahlt."
Lea ist die kleinste. Sie bezahlt einen Anteil. Noah zahlt doppelt so viel und Josua
doppelt so viel wie Noah. Wie viel muss jeder bezahlen, wenn der Rucksack 70 € kostet?

A: _____

1

Haare
5 cm in 4 Monaten

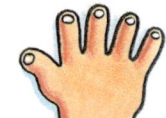

Fingernägel
1 mm pro Woche

Fußnägel
1 mm pro Monat

a) Wie viele cm wachsen deine Haare in dieser Zeit ungefähr?

b) Wie viele mm wachsen deine Fingernägel in dieser Zeit ungefähr?

c) Wie viele mm wachsen deine Fußnägel in dieser Zeit ungefähr?

4 Monate	
6 Monate	
8 Monate	
1 Jahr	
2 Jahre	
4 Jahre	
10 Jahre	

1 Woche	
1 Monat	
1 Jahr	
2 Jahre	
4 Jahre	
10 Jahre	

1 Monat	
1 Jahr	
2 Jahre	
4 Jahre	
10 Jahre	

2 Kinder erfinden Sachaufgaben.

a)
Meine Haare sind 10 cm lang.
Wie lange dauert es, bis sie doppelt so lang sind?

b)
Meine Haare sind 55 cm lang.
Wie lange brauchten sie für ihr Wachstum?

c)
Mein Fingernagel am Daumen ist 1 cm 2 mm lang.
Wie lange brauchte er für sein Wachstum?

d)
Durch eine Verletzung habe ich meinen Fußnagel am großen Zeh verloren.
Wie lange dauert es, bis er wieder auf eine Länge von 1 cm und 4 mm gewachsen ist?

3 Rekorde

Der Inder Shridhar Chillat besaß den längsten Fingernagel der Welt. Er hat sich 26 Jahre lang seinen Fingernagel nicht geschnitten.

Wie lang war sein Nagel ungefähr?

A: _____

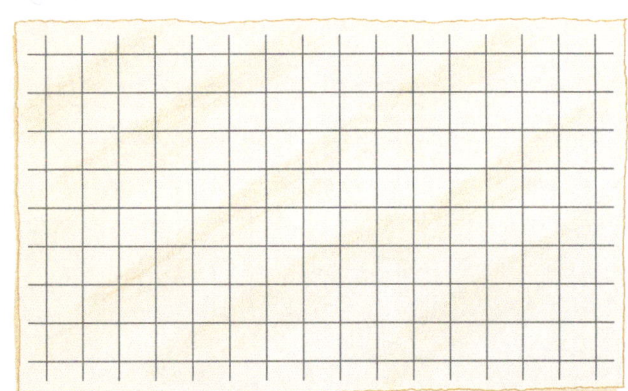

①

a) Opa, Vater, Mutter und Sohn
sind zusammen 150 Jahre alt.
Die Mutter ist 5-mal so alt wie
ihr 7-jähriger Sohn. Der Opa ist
doppelt so alt wie der Vater.
Wie alt ist jeder?

b) Anna, Tobias, Marion, Bernd
und Frank vergleichen ihr Alter.
Bernd ist 2 Jahre älter als Anna,
aber 3 Jahre jünger als Frank.
Marion ist ein Jahr älter als Bernd,
aber 4 Jahre jünger als Tobias.
Anna und Bernd sind zusammen
18 Jahre alt. Wie alt ist jeder?

② Färbe die Zauberhüte mit der richtigen Farbe.

– Der rote Hut hat keine Punkte und keine Streifen. Er steht zwischen
  einem Zahlenhut mit nur geraden Zahlen und einem anderen Hut.
– Auf dem blauen Hut sind keine Zahlen, er steht nicht neben einem Zahlenhut.
– Der grüne Hut hat keine Streifen und keine Sterne.
  Sein einziger Nachbar ist ein Zahlenhut.
– Der Hut mit nur geraden Zahlen ist gelb.
– Der braune Hut steht nicht neben dem blauen.

… schöne Ferien!

Wir wünschen allen Zahlen-zauberern …

③ Zahlenrätsel

77

①

$$33\,809 + 16\,696$$

$$716\,374 + 283\,626$$

$$619\,215 + 510\,573$$

$$298\,675 + 98\,676$$

②

| 6 5 2 4 · 8 | 1 7 6 · 7 | 2 1 8 7 · 3 | 9 2 4 5 · 6 |

| 3 2 1 9 · 9 0 | 2 9 0 6 · 5 | 4 6 3 · 4 | 8 1 0 2 · 3 |

③ 490 : 7 = _____   320 : 4 = _____   2 400 : 60 = _____

450 : 5 = _____   8 100 : 9 = _____   5 600 : 700 = _____

④ Setze die Rechenzeichen. Denke an „Punkt vor Strich".

a) 3 ⊙ 5 ⊕ 15 = 30   b) 90 ◯ 3 ◯ 20 = 50

9 ◯ 5 ◯ 35 = 80   200 ◯ 4 ◯ 2 = 100

400 ◯ 8 ◯ 30 = 20   100 ◯ 5 ◯ 8 = 160

⑤

 400 → ·6 → → :80 → → ·7 → → +90 →

→ −650 → → :50 → → ·40 → → −80 → 200

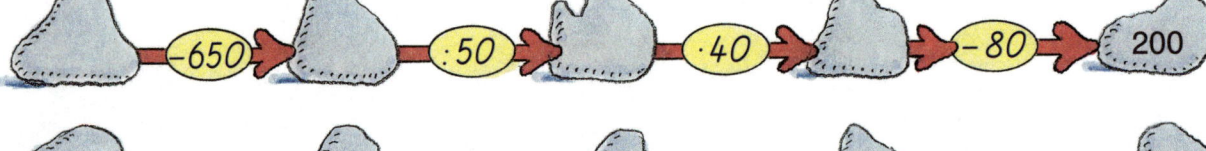
2 → → 120 → → 200 → → 50 → → 450

70 → → 5 600 → → 6 000 → → 300 000 → → 100 000

① Trane ein.

[ ]   [ ]   [ ]   [ ]

| 320 000 | [ ] | 340 000 | [ ] | 360 000 | [ ] | 380 000 | [ ] |

② Welcher Wurm frisst welchen Apfel?

vierhundertfünfunddreißigtausend

vierzehntausenddreihundertfünfunddreißig

vierzigtausendfünfhundertfünfunddreißig

40 535

435 000

14 335

③ Wie heißt die Zahl?

300 000 + 4 000 + 600 + 30 + 4 = _____

7 000 + 10 + 10 000 + 9 = _____

400 + 30 + 8 000 + 90 000 = _____

④

Vorgänger	Zahl	Nachfolger
	1 996	
	12 019	
	660 000	

Nachbar-tausender	Zahl	Nachbar-tausender
	111 464	
	500 001	
	990 990	

⑤ Setze die Zahlenfolgen fort.

17 125, 17 131, 17 137, _____, _____, _____, 17 161.

199 089, 199 094, 199 099, _____, _____, _____, 199 119.

30 521, 30 512, 30 503, _____, _____, _____, 30 467.

⑥ Vergleiche: < = >

10 001 ◯ 10 010   5ZT 5T 5Z 5E ◯ 55 055

999 019 ◯ 990 010   70 691 ◯ 7HT 6H 9Z 1E

⑦ Zahlenrätsel

a) Meine Zahl hat die Ziffern 1, 2, 3, 8, 9. Sie ist die kleinste ungerade Zahl, die größer als 32 700, aber kleiner als 32 900 ist.

_____

b) Meine Zahl liegt genau in der Mitte zwischen der kleinsten 7-stelligen Zahl und der kleinsten 6-stelligen Zahl.

_____

Basiswissen: Kopfrechnen

Ich habe meinen Kopf tüchtig trainiert!

① Addieren

4 + 5 = _____	67 + 13 = _____	395 + 5 000 = _____
40 + 50 = _____	670 + 130 = _____	395 + 500 = _____
400 + 500 = _____	6 700 + 1 300 = _____	395 + 50 = _____
4 000 + 5 000 = _____	67 000 + 13 000 = _____	395 + 5 = _____

② Subtrahieren

16 – 7 = _____	8 000 – 6 000 = _____	60 – 15 = _____
160 – 7 = _____	80 000 – 6 002 = _____	600 – 15 = _____
1 600 – 7 = _____	80 000 – 6 020 = _____	6 000 – 15 = _____
16 000 – 7 = _____	8 000 – 6 200 = _____	60 000 – 15 = _____

③ Multiplizieren

6 · 8 = _____	7 · 4 = _____	4 · 25 = _____	2 · 250 = _____
6 · 80 = _____	7 · 40 = _____	4 · 250 = _____	4 · 125 = _____
60 · 80 = _____	70 · 40 = _____	40 · 25 = _____	8 · 125 = _____
6 · 800 = _____	700 · 4 = _____	20 · 25 = _____	2 · 500 = _____

④ Dividieren

56 : 7 = ___	32 : 8 = ___	450 : ___ = 90	1 000 : 2 = ___
560 : 7 = ___	320 : 80 = ___	4 500 : ___ = 900	1 000 : 20 = ___
560 : 70 = ___	3 200 : 8 = ___	4 500 : ___ = 90	1 000 : 4 = ___
5 600 : 70 = ___	3 200 : ___ = 40	45 000 : ___ = 9	1 000 : 40 = ___

⑤

·	100	1 000
56		
	3 600	
123		
		4 000

:	100	1 000
42 000		
	7 800	
10 000		
		690

Basiswissen: Schriftliches Addieren und Subtrahieren

(1) Schreibe untereinander und rechne.

27 + 638 + 2690   5603 + 36 + 12509   175 + 11316 + 5001

(2) Wo steckt ein Fehler? Kreuze an und rechne richtig.

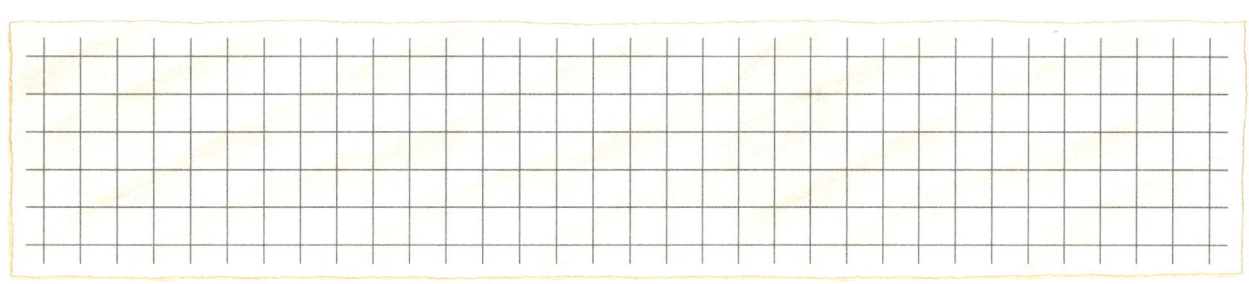

6366	265006	64	740000
+ 15248	+ 144937	+ 12644	13000
			+ 6999
21604 ☐	409943 ☐	12608 ☐	759996 ☐

(3) Schreibe untereinander und subtrahiere.

12346 – 932   124017 – 3614   250008 – 649

(4) Wo steckt ein Fehler? Kreuze an und rechne richtig.

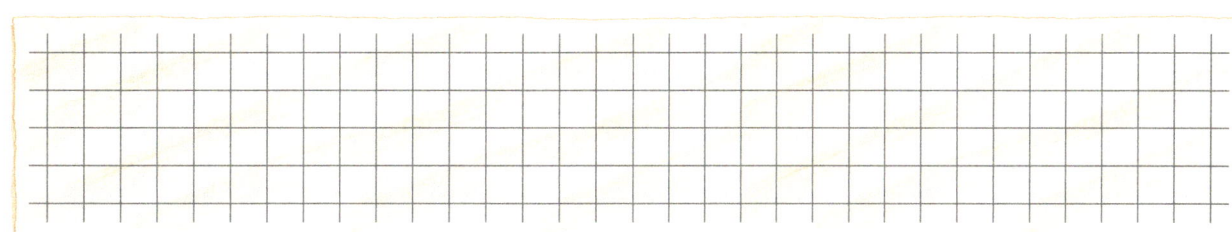

246553	645006	163007	1000000
– 126492	– 63917	– 2694	– 638006
120161 ☐	581089 ☐	161413 ☐	361994 ☐

1 27412 · 7   823 · 47   9060 · 123

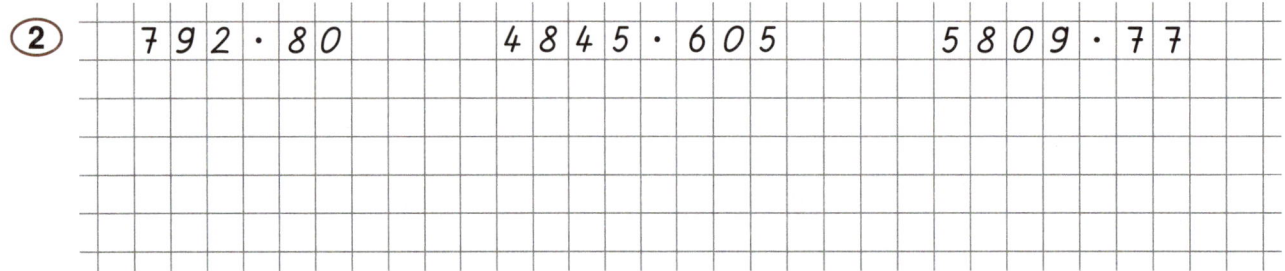

2 792 · 80   4845 · 605   5809 · 77

Ich mache zuerst den Überschlag!

3 Rechne und überprüfe mit der Probe.

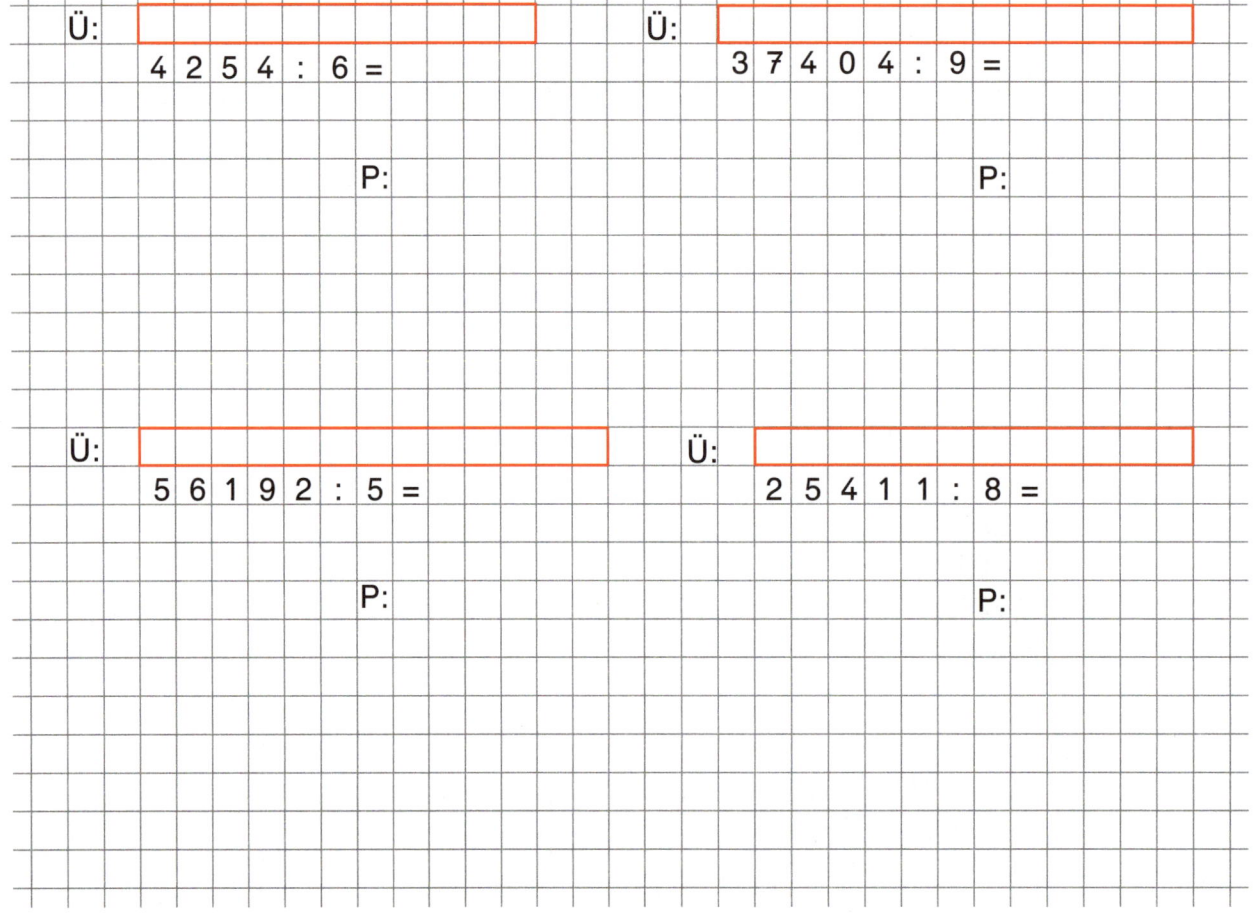

Ü: Ü:

4254 : 6 =   37404 : 9 =

P: P:

Ü: Ü:

56192 : 5 =   25411 : 8 =

P: P:

1 Für ein Bundesliga-Fußballspiel wurden insgesamt 34 578 Eintrittskarten verkauft.
Das Stadion fasst 46 000 Zuschauer.
Wie viele Plätze waren nicht besetzt?

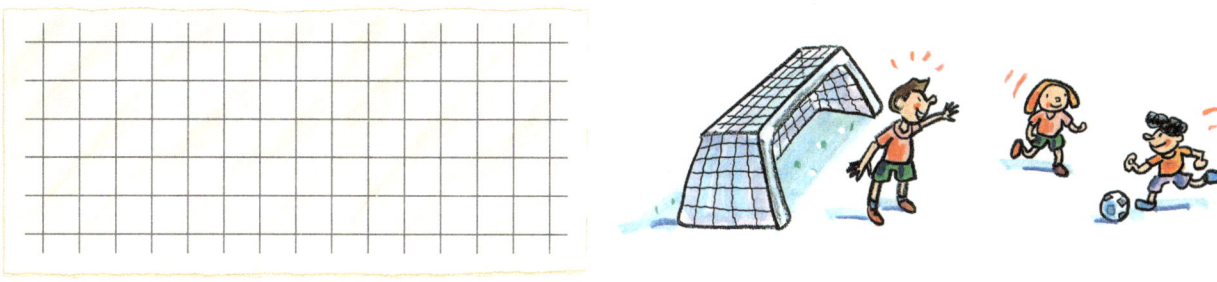

A: _____

2 Familie Klein (Eltern, 3 Kinder) bucht eine Flugreise nach Spanien. Für die Erwachsenen
und die beiden großen Kinder kostet die Reise jeweils 349 €,
die 6-jährige Sarah muss nur 217 € bezahlen.
Was kostet die Urlaubsreise für die Familie insgesamt?

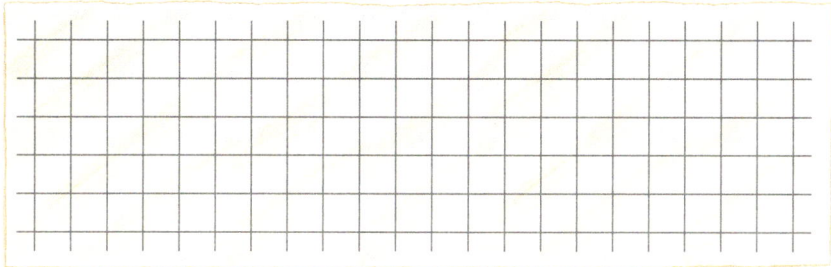

A: _____

3 Thomas bekommt einen Fußball und Sportschuhe für insgesamt 56 €.
Die Schuhe kosten 32 € mehr als der Fußball.
Wie viel kostet der Fußball? Wie viel kosten die Schuhe?

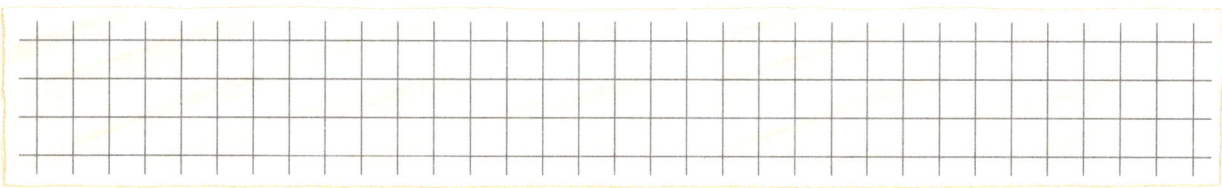

A: _____

4 Hanna kauft sich ein Buch und eine CD für insgesamt 18 €.
Die CD kostet doppelt so viel wie das Buch.
Wie viel kostet die CD, wie viel das Buch?

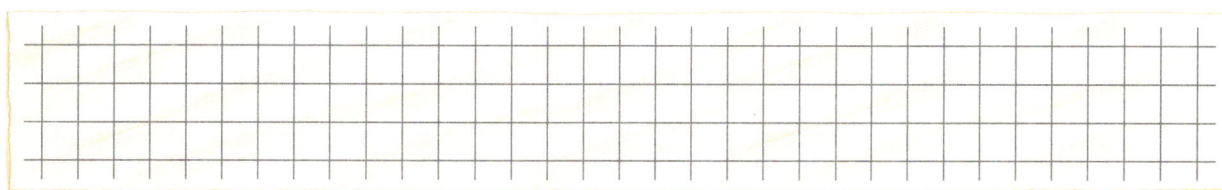

A: _____

Basiswissen: Längen und Zeit

1 Ergänze.

a) 1 km = _____ m   0,5 km = _____ m   0,25 km = _____ m   50 m = _____ km

b) 0,25 m = _____ cm   0,75 m = _____ cm   0,5 cm = _____ mm   50 cm = _____ m

2 Zwei Karten gehören zusammen. Färbe sie mit der gleichen Farbe.

500 m	0,75 m	100 m	0,5 km	0,1 km

7,50 m	7 m 5 cm	75 cm	7 m 50 cm	7,05 m

3 Wie lang, wie hoch oder wie breit sind diese Dinge in Wirklichkeit? Verbinde.

Auto	Buch	Regal	Baum	Sportplatz	Daumen

30 cm	4 m	15 m	1 m	100 m	1 cm

4 Zwei Karten gehören wieder zusammen. Färbe sie mit der gleichen Farbe.

30 min	90 min	1 h	$\frac{1}{4}$ h	60 min

24 h	1 $\frac{1}{2}$ h	1 Tag	15 min	$\frac{1}{2}$ h

5 Wie viele Minuten dauert es …
a) bis zur nächsten vollen Stunde?

11.30 Uhr —— min —→ _____ Uhr

12.42 Uhr —— min —→ _____ Uhr

b) bis Mitternacht?

18.56 Uhr —— min —— h ——→ _____ Uhr

7.30 Uhr —— min —— h ——→ _____ Uhr

6 Ergänze die Tabelle.

Sonnenaufgang	So lange scheint die Sonne	Sonnenuntergang
5.12 Uhr	14 h 38 min	
6.28 Uhr		18.30 Uhr
	10 h 39 min	17.20 Uhr

 © Oldenbourg, Zahlenzauber 4 AH

1 Frau Müller kauft ein.

 1 kg  BUTTER 250 g  1,2 kg  2000 g  2½ kg  750 g

a) Ordne nach dem Gewicht. Beginne mit dem kleinsten.

_____ _____ _____ _____ _____ _____

b) Sie packt alles in eine Einkaufstasche. Die Tasche wiegt 750 g.
   Welches Gewicht muss Frau Müller tragen?

A: _____

c) Beim nächsten Einkauf muss Frau Müller ein Gewicht von 4 kg 750 g tragen.
   Sie hat nur 2 Dinge gekauft. Was hat sie in ihrer Tasche?

A: _____

2 Fülle die Wasserkannen mit der angegebenen Menge. Zeichne ein.

  1 l   ½ l   ¼ l   ¾ l   2/4 l   1/8 l

3 Immer 1 Liter

1 l	750 ml	500 ml	300 ml	250 ml	200 ml	100 ml
1 l	1	–	–	1	–	–
1 l	–				1	
1 l						3
1 l		1	–	–		

1 Vergleiche die Flächen beider Figuren.
a) Welche Fläche ist größer? Male sie an.

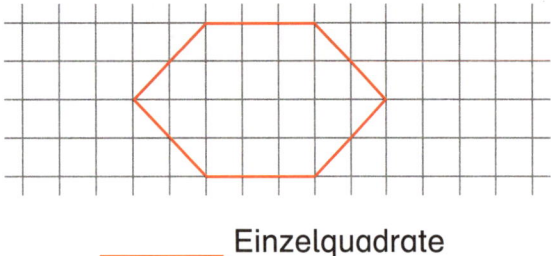 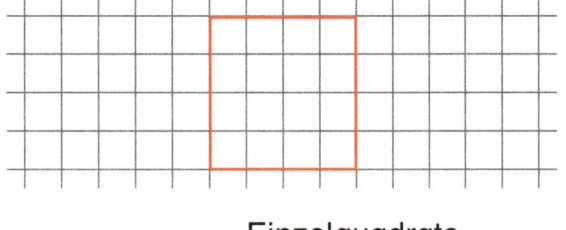

_____ Einzelquadrate   _____ Einzelquadrate

b) Vergrößere die kleinere Figur so, dass beide Flächen gleich groß sind.

c) Verkleinere die größere Figur so, dass sie wieder gleich groß sind.

2 Zeichne alle möglichen Symmetrieachsen ein.

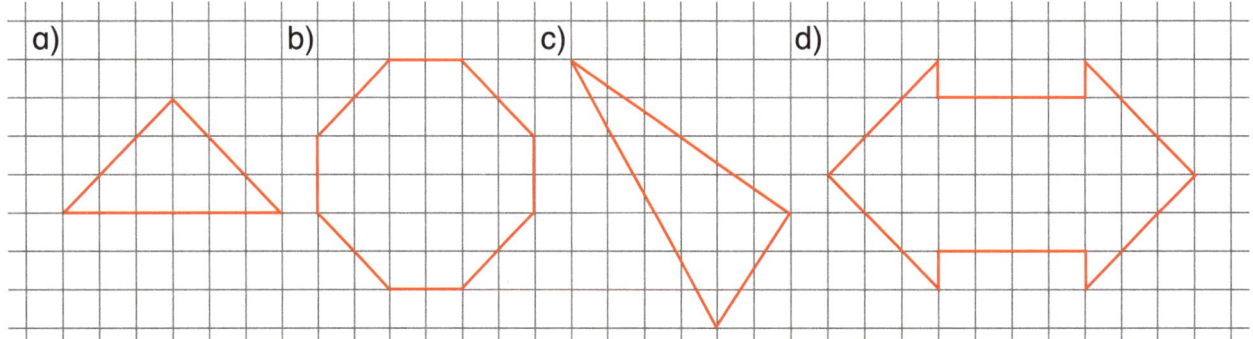

a)   b)   c)   d)

3 Setze diese Ornamente mit Lineal und Zirkel fort.

© Oldenbourg, Zahlenzauber 4 AH

1 Aus wie vielen Würfeln bestehen diese Bauwerke?

a)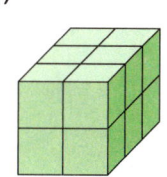
b)
c)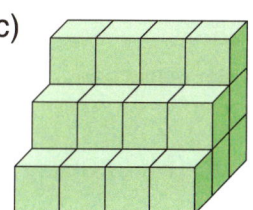
d)

_____ Würfel _____ Würfel _____ Würfel _____ Würfel

2 Welcher Bauplan passt zu welchem Würfelgebäude? Verbinde.
Fülle den leeren Bauplan aus.

○ ○ ○ ○

○ ○ ○ ○

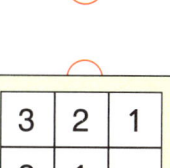

3	2	1
2	1	
2		

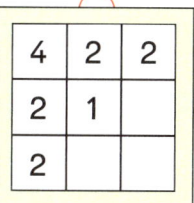

4	2	2
2	1	
2		

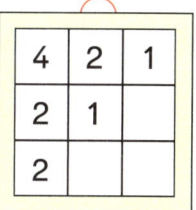

4	2	1
2	1	
2		

3 Würfel flicken
Wie viele kleine Würfel musst du jeweils mindestens ergänzen,
damit ein großer Würfel entsteht?

a)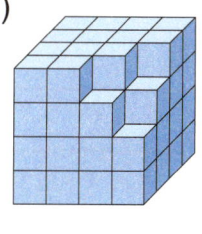
b)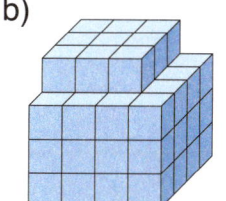
c)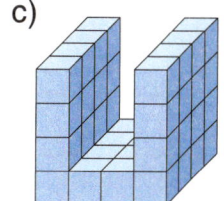
d)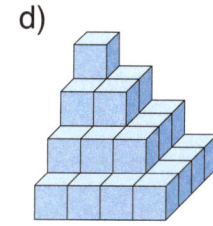

_____ Würfel _____ Würfel _____ Würfel _____ Würfel

Große Stadien in der Welt –
Zuschauerplätze je Stadion (gerundet)

Nissan Stadion (Yokohama):	73 000
Maracaná Stadion (Rio de Janeiro):	103 000
NOU Camp (Barcelona):	100 000
Guiseppe-Meazza Stadion (Mailand):	85 000
Olympiastadion (Berlin):	76 000

1 Runde auf volle Zehntausender. Erstelle ein Balkendiagramm.

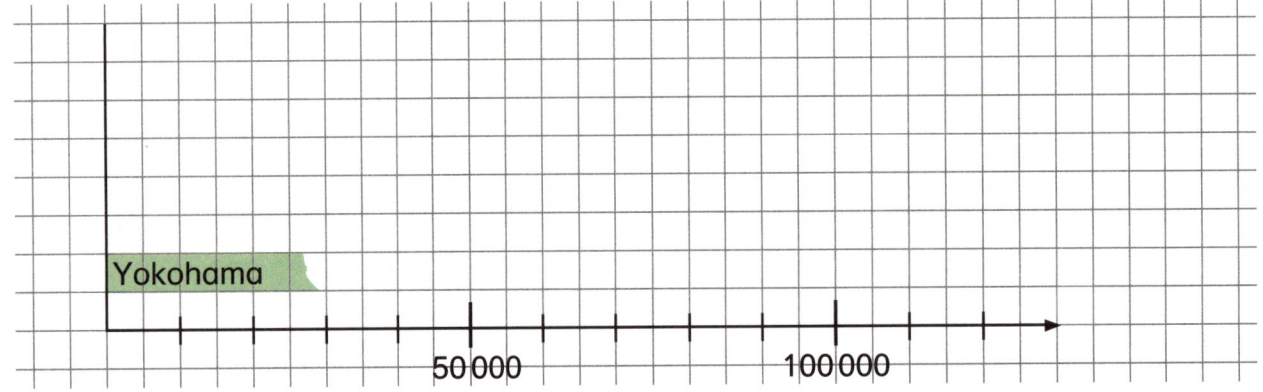

2 Welche Aussagen stimmen? Kreuze an.

◯ Das Maracaná Stadion ist das größte Stadion.

◯ Das Olympiastadion ist das kleinste Stadion.

◯ Alle Stadien zusammen haben mehr als 400 000 Plätze.

In welchen Städten fassen die Stadien weniger als 100 000 Plätze?

_____

3 a) Ihr spielt mit einem Würfel. Welche Regel würdest du dir aussuchen, wenn du gewinnen willst? Kreuze an.

◯ Regel 1:	◯ Regel 2:	◯ Regel 3:	◯ Regel 4:
Du bekommst einen Punkt, wenn deine Zahl ungerade ist.	Du bekommst einen Punkt, wenn deine Zahl kleiner als 3 ist.	Du bekommst einen Punkt, wenn deine Zahl größer als 2 ist.	Du bekommst einen Punkt, wenn du eine 6 würfelst.

Begründe deine Wahl: _____

_____

b) Ordne die Regeln nach den Gewinnchancen.

_____

① Tausenderfreunde: Ergänze auf 1000.

380 | 620 | 240 | 760 | 415 | 585 | 345 | 655
93 | 907 | 955 | 45 | 180 | 820 | 290 | 710 | 889 | 111

② Zahlenmauern

a)
```
      800
   460   340
 120   340   0
```

b)
```
      480
   255   225
 105   150   75
```

☆ c)
```
          1000
       750     250
     605   145   105
   485   120   25   80
```

③ Rechendreiecke

a)
```
   290
  150   179
 140   29
   169
```

b)
```
   530
  430   540
 100   110
   210
```

c)
```
   450
  125   260
 325   135
   460
```

d)
```
   380
  160   340
 220   180
   400
```

④ Rechne und verbinde mit der Ergebniszahl.

578 + 346 = 924
409 + 376 = 785
523 + 477 = 1000
708 − 529 = 179
287 + 645 = 932
672 − 384 = 288

812 − 684 = 128
983 − 407 = 576
1000 − 407 = 593
783 + 198 = 981

924   576   179   981
785   128   932   1000
         593   288

---

① a)

·	4	40	8	80
5	20	200	40	400
6	24	240	48	480
7	28	280	56	560
8	32	320	64	640

b)

:	3	30	60	6
180	60	6	3	30
240	80	8	4	40
300	100	10	5	50
360	120	12	6	60

c)

·	70	80	90
6	420	480	540
7	490	560	630
8	560	640	720
9	630	720	810

②

a)
48 : 6 = 8
480 : 60 = 8
490 : 60 = 8 R 10
480 : 6 = 80

b)
56 : 7 = 8
560 : 70 = 8
600 : 70 = 8 R 40
560 : 7 = 80

c)
54 : 9 = 6
540 : 90 = 6
545 : 90 = 6 R 5
540 : 9 = 60

③

a) 30 —(· 8)→ 240 —(: 6)→ 40 —(· 7)→ 280 —(+ 20)→ 300 —(: 5)→ 60

b) 450 —(: 90)→ 5 —(· 70)→ 350 —(− 30)→ 320 —(: 4)→ 80 —(· 5)→ 400

c) 60 —(· 3)→ 180 —(: 90)→ 2 —(· 70)→ 140 —(+ 60)→ 200 —(: 4)→ 50

☆ **④ Verbinde mit der richtigen Zahl.**

Meine Zahl ist um 243 größer als 511.
Der 6. Teil meiner Zahl ist 80.
Meine Zahl ist das 50-fache von 9.
Wenn ich von meiner Zahl 125 subtrahiere, erhalte ich 430.
Meine Zahl ist um 613 kleiner als 1000.
Das Vierfache meiner Zahl ist 360.
Meine Zahl ist der 7. Teil von 490.

480   754   555
387   450   90   70

---

① Rechenfragen und andere Fragen

In den Sommerferien besuchen Herr und Frau Kunert mit ihrer 9-jährigen Tochter und dem 12-jährigen Sohn das 102 m hohe Atomium in Brüssel. Errichtet wurde es als Wahrzeichen der Weltausstellung im Jahr 1958. Es besteht aus 9 Kugeln, von denen 6 begehbar sind. Diese sind miteinander über schräge, 23 m lange Rohre verbunden und über Rolltreppen in diesen Rohren zu erreichen.

Eintritt
Erwachsene: 9 €
Schüler ab 12 Jahren: 6 €
Kinder: 0 €

⊗ Kreuze die Rechenfragen an und löse die Aufgaben.

○ Wann wurde das Atomium errichtet? __1958__
⊗ Wie viele Jahre sind seit der Eröffnung der Weltausstellung vergangen? __53 Jahre (2011)__
○ Wie viele Kugeln hat das Atomium? __9__
⊗ Wie viel muss Herr Kunert für seine Familie als Eintritt bezahlen? __24 €__

② Richtige und falsche Antworten

In den Ferien besucht Familie Kunert auch noch den Eiffelturm in Paris. Der Eiffelturm wurde 1889 nach 2-jähriger Bauzeit das Wahrzeichen der Weltausstellung in Paris. Der Turm ist 300,65 m hoch, mit Antenne sogar 324 m. Die höchste Aussichtsplattform befindet sich in 276 m Höhe. Zu Fuß oder mit dem Fahrstuhl kann man auf die beiden ersten Plattformen gelangen. In die 3. Etage fährt nur noch ein Fahrstuhl.

Überprüfe die Antworten auf ihre Richtigkeit, kreuze an.

	richtig	falsch
Der Baubeginn des Eiffelturms war im Jahre 1887.	⊗	○
Zwischen den Weltausstellungen in Paris und Brüssel liegen 60 Jahre.	○	⊗
Der Eiffelturm ist mit der Antenne 198 m höher als das Atomium.	○	⊗
Die Antenne hat eine Länge von ca. 23 m.	⊗	○
Mit dem Fahrstuhl kann man direkt nur bis in die zweite Etage gelangen.	○	⊗
Von der Weltausstellung in Paris bis heute sind mehr als 115 Jahre vergangen.	⊗	○

Manche Informationen findest du in Aufgabe 1.

---

① Ergänze die Tabelle.

	T	H	Z	E	
☐	1	0	0	0	1000
☐☐☐	1	2	0	0	1200
☐ —	1	0	1	0	1010
☐ •	1	0	0	1	1001
☐☐ •••••	2	0	0	5	2005

② Wie heißen diese Zahlen? Ergänze die Tabelle.

	T	H	Z	E	
5 E 6 H 1 T 3 Z					1635
1 H 1 T 6 E					1106
2 T 4 E 2 Z 3 H					2324
6 Z 1 T 2 E					1062

Findest du alle 6 Möglichkeiten?

③ Male immer 2 Plättchen dazu. Welche Zahlen entstehen?

H Z E	H Z E	H Z E	H Z E	H Z E	H Z E
831	651	633	741	642	732

④ Färbe den Stellenwert, der sich verändert hat. Berechne den Unterschied.

a)
6 1 3 —(+ 20)→ 6 3 3
3 8 7 —(− 5)→ 3 8 2
8 0 3 —(− 200)→ 6 0 3
5 7 4 —(+ 10)→ 5 8 4

b)
1 2 7 2 —(+ 400)→ 1 6 7 2
3 8 1 5 —(− 1000)→ 2 8 1 5
1 6 0 8 —(− 4)→ 1 6 0 4
2 5 6 4 —(− 50)→ 2 5 1 4

① Trage die fehlenden Zahlen ein und ordne die Kärtchen zu.

| 950 | 960 | 970 | 980 | 990 | 1000 | 1010 | 1020 | 1030 | 1040 |

| 983 | 978 | 999 | 1005 | 1011 | 1028 | 1034 | 1042 |

② a) Trage die fehlenden Zahlen in die Kästchen ein. Schreibe alle geraden Zahlen auf, die du unter der Lupe siehst.

1268, 1270, 1272, 1274, 1276, 1278, 1280, 1282, 1284, 1286, 1288, 1290, 1292

1290

1276 1287

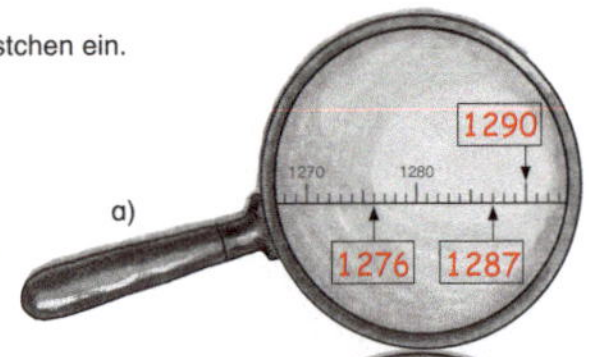

b) Trage die fehlenden Zahlen in die Kästchen ein. Schreibe alle ungeraden Zahlen auf, die größer sind als 1794.

1795, 1797, 1799, 1801, 1803, 1805, 1807, 1809, 1811, 1813

1800

1799 1801

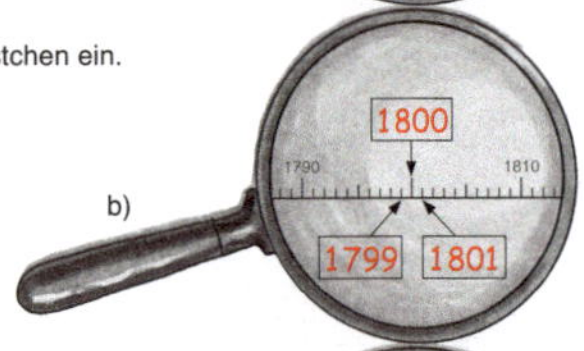

c) Trage die fehlenden Zahlen in die Kästchen ein. Schreibe alle geraden Zahlen auf, die du unter der Lupe siehst.

1978, 1980, 1982, 1984, 1986, 1988, 1990, 1992, 1994, 1996, 1998, 2000, 2002

1980

1981 1999

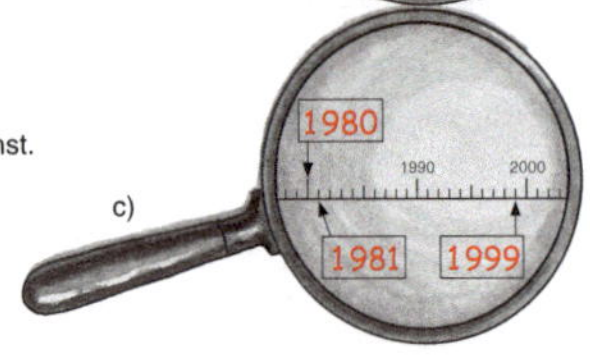

③

Vor- gänger	Zahl	Nachbar- folger		Nachbar- zehner	Zahl	Nachbar- zehner		Nachbar- hunderter	Zahl	Nachbar- hunderter
997	998	999		990	998	1000		900	998	1000
768	769	770		760	769	770		700	769	800
1200	1201	1202		1200	1201	1210		1200	1201	1300
1487	1488	1489		1480	1488	1490		1400	1488	1500
1981	1982	1983		1980	1982	1990		1900	1982	2000

①

4 + 3 = 7	6 + 7 = 13	2 + 8 = 10
14 + 3 = 17	16 + 7 = 23	12 + 8 = 20
114 + 3 = 117	116 + 7 = 123	112 + 8 = 120
1114 + 3 = 1117	1116 + 7 = 1123	1112 + 8 = 1120

②

50 + 40 = 90	70 + 30 = 100	30 + 60 = 90
500 + 40 = 540	700 + 30 = 730	300 + 60 = 360
550 + 40 = 590	770 + 30 = 800	330 + 60 = 390

③

400 + 300 = 700	300 + 600 = 900	200 + 700 = 900
1400 + 300 = 1700	1300 + 600 = 1900	1200 + 700 = 1900

④

90 − 50 = 40	70 − 60 = 10	80 − 30 = 50
900 − 50 = 850	700 − 60 = 640	800 − 30 = 770
990 − 50 = 940	770 − 60 = 710	880 − 30 = 850

Das kann ich alles im Kopf lösen.

⑤

900 − 600 = 300	700 − 500 = 200	800 − 300 = 500
1900 − 600 = 1300	1700 − 500 = 1200	1800 − 300 = 1500

☆ ⑥ Zahlenrätsel

Bilde die größte gerade Zahl, die kleiner ist als 2 000.	Bilde aus den Ziffern 1, 4, 5, 8 die Zahl, die am nächsten an 1 700 liegt.	Die Zahl liegt zwischen 1 000 und 2 000. An der Einer- und an der Tausenderstelle steht die gleiche Ziffer. Es kommt noch zweimal die 5 vor.
1998	1584	1551

⑦ Zweitausender-Freunde

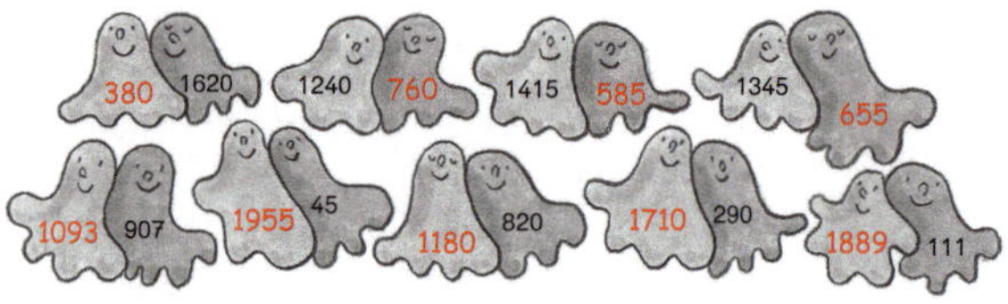

380 — 1620   1240 — 760   1415 — 585   1345 — 655
1093 — 907   1955 — 45   1180 — 820   1710 — 290   1889 — 111

---

① Die Entwicklung des Fahrrads

a) Trage die fehlenden Zahlen auf der Zeitleiste ein. Verbinde die Bilder mit dem Jahr der Erfindung.

| 1820 | 1840 | 1860 | 1880 | 1900 | 1920 | 1940 | 1960 | 1980 | 2000 |

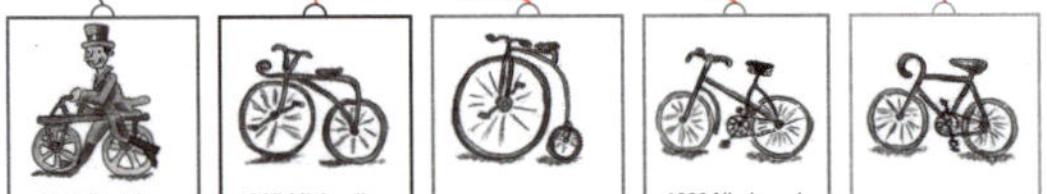

1817 Draisine (Laufrad)   1867 Michauline (Pedale vorne)   1873 Hochrad   1880 Niederrad (mit Kette)   1912 Tourenrad

+50 Jahre   + 6 Jahre   + 7 Jahre   + 32 Jahre

b) Wie viel Zeit verging von einer Erfindung bis zur nächsten? Trage oben die Jahre ein.

c) Wie viele Jahre sind bis heute seit jeder Erfindung vergangen?

Erfindung	Jahr	vergangene Zeit bis heute (2011)
Draisine	1817	194 Jahre
Michauline	1867	144 Jahre
Hochrad	1873	138 Jahre
Niederrad	1880	131 Jahre
Tourenrad	1912	99 Jahre

② Berühmte Bauwerke

a) Wie lange war die Bauzeit dieser Bauwerke?

b) Vor wie vielen Jahren wurden die Bauwerke fertiggestellt?

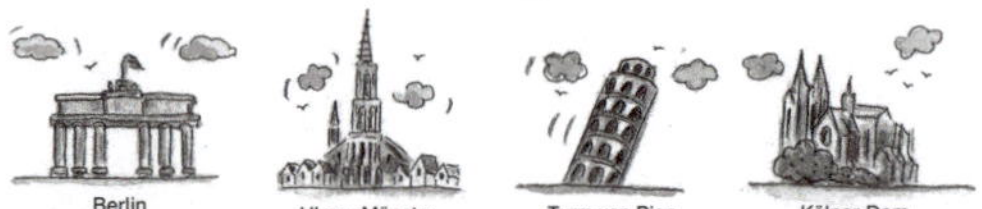

	Berlin Brandenburger Tor 1788−1791	Ulmer Münster 1377−1890	Turm von Pisa 1173−1360	Kölner Dom 1248−1880
Bauzeit:	3 Jahre	513 Jahre	187 Jahre	632 Jahre
Alter: (2011)	220 Jahre	121 Jahre	651 Jahre	131 Jahre

① Ergänze die Zahlenhäuser und verbinde mit den passenden Bauplänen.

444	2000	1125
400 + 44	1250 + 750	635 + 490
380 + 64	1300 + 700	630 + 495
360 + 84	1350 + 650	625 + 500
340 + 104	1400 + 600	620 + 505

Die 1. Zahl wird um 50 vergrößert, die 2. Zahl um 50 verkleinert.	Die 1. Zahl wird um 5 verkleinert, die 2. Zahl um 5 vergrößert.	Die 1. Zahl wird um 20 verkleinert, die 2. Zahl um 20 vergrößert.

② Vereinfache die Aufgaben so, dass du leicht rechnen kannst.

624 + 198 = 822	863 + 195 = 1058	999 + 1001 = 2000
622 + 200 = 822	858 + 200 = 1058	1000 + 1000 = 2000
1 103 + 864 = 1967	1 655 + 245 = 1900	1 014 + 186 = 1200
1100 + 867 = 1967	1 650 + 250 = 1900	1000 + 200 = 1200

③ Rechne auf deinem Weg. Du kannst die Aufgaben auch im Kopf lösen.

581 + 291 = 872	1 321 + 179 = 1500	1 088 + 224 = 1312
189 + 732 = 921	552 + 1 098 = 1650	1 376 + 596 = 1972

① Ergänze die Zahlenhäuser und verbinde mit den passenden Bauplänen.

147
637 – 490
642 – 495
647 – 500
652 – 505

36
705 – 669
700 – 664
695 – 659
690 – 654

917
1714 – 797
1717 – 800
1720 – 803
1723 – 806

- Wenn ich die 1. Zahl um 5 verkleinere, muss ich auch die 2. Zahl um 5 verkleinern.
- Wenn ich die 2. Zahl um 3 vergrößere, muss ich auch die 1. Zahl um 3 vergrößern.
- Wenn ich die 1. Zahl um 5 vergrößere, muss ich auch die 2. Zahl um 5 vergrößern.

② Vereinfache die Aufgaben so, dass du leicht rechnen kannst.

405 – 296 = 109
409 – 300 = 109

586 – 193 = 393
593 – 200 = 393

997 – 218 = 779
1000 – 221 = 779

1217 – 198 = 1019
1219 – 200 = 1019

1792 – 298 = 1494
1794 – 300 = 1494

1998 – 1009 = 989
1989 – 1000 = 989

③ Rechne auf deinem Weg.

916 – 595 = 321
703 – 664 = 39
797 – 668 = 129

Ich löse alle Aufgaben im Kopf.

1024 – 996 = 28
1892 – 398 = 1494
2004 – 1996 = 8

---

① Rechne schriftlich.

346	+ 469 = **815**
689	+ 513 = **1202**
1346	− 589 = **757**
1010	− 817 = **193**
1654	− 93 = **1561**

② Schreibe untereinander und rechne.

a) 1208 + 396 = 1604
b) 1395 + 286 = 1681
c) 593 + 1407 = 2000

Worauf musst du hier achten?

d) 1953 – 636 = 1317
e) 1017 – 459 = 558
f) 1808 – 698 = 1110

③ Rechne Aufgabe und Umkehraufgabe.

a)
912 – 637 = 275 ; 275 + 637 = 912
846 – 583 = 263 ; 263 + 583 = 846
1010 – 617 = 393 ; 393 + 617 = 1010

b)
908 + 958 = 1866 ; 1866 – 958 = 908
317 + 486 = 803 ; 803 – 486 = 317
478 + 1356 = 1834 ; 1834 – 1356 = 478

☆ **④**
a) 474 + 352 = 826
316 + 438 = 754
450 + 1528 = 1978

b) 1059 – 732 = 327
1886 – 127 = 1759
1186 – 138 = 1048

---

①

		3	4		(6)		8	9	
	(12)			15	16		(18)		20
21			(24)			27	28		(30)
	32	33			(36)			39	40
	(42)		44	45			(48)		
51	52		(54)		56	57			(60)
		63	64		(66)		68	69	
	(72)			75	76		(78)		80
81			(84)			87	88		(90)
	92	93			(96)			99	100

a) Trage in die Tafel alle Zahlen des 4er-Einmaleins bis 100 ein.
b) Färbe alle Zahlen des 8er-Einmaleins gelb.
c) Trage jetzt alle Zahlen des 3er-Einmaleins bis 100 ein.

Diese Zahlen nennt man gemeinsame Vielfache.

d) Rahme alle Zahlen des 6er-Einmaleins grün ein.
e) Schreibe alle Zahlen auf, die in jeder der 4 Einmaleins-Reihen vorkommen.
24, 48, 72, 96

② Fülle die Lücken.

Beim Multiplizieren mit 10 werden aus den Einern ___Zehner___ und aus den Zehnern werden ___Hunderter___. In der Stellenwerttafel rücken beim Multiplizieren mit 100 alle Stellen um __2__ Stellen nach ___links___.
Bei den Einern und Zehnern steht dann jeweils eine ___0___.

③ Rechne zuerst die kleine Aufgabe.

a) 7 · 400 = 2800 ; 7 · 4 = 28
8 · 700 = 5600 ; 8 · 7 = 56
9 · 600 = 5400 ; 9 · 6 = 54

b) 30 · 40 = 1200 ; 3 · 4 = 12
70 · 30 = 2100 ; 7 · 3 = 21
90 · 60 = 5400 ; 9 · 6 = 54

④

·	3	30
3	9	90
30	90	900
6	18	180
60	180	1800

·	5	50	100	10
8	40	400	800	80
9	45	450	900	90
10	50	500	1000	100
20	100	1000	2000	200

·	6	60
2	12	120
4	24	240
6	36	360
10	60	600

☆ **⑤ Eine sehr lange Tabelle! Finde weitere passende Zahlen.** *(zum Beispiel)*

·	2	20	200	4	40	5	50	500	10	100	250	25
1000	500	50	5	250	25	200	20	2	100	10	4	40

---

① Verbinde die Aufgaben mit dem gleichen Ergebnis.

2 · 14   5 · 20   8 · 8   2 · 18   6 · 9
4 · 9   4 · 7   3 · 18   10 · 10   4 · 16

②

·	10	7	17
3	30	21	51

·	10	9	19
6	60	54	114

·	10	5	15
9	90	45	135

·	10	3	13
8	80	24	104

·	10	4	14
7	70	28	98

·	10	6	16
4	40	24	64

③ Zu jeder Aufgabe gehören 2 Zerlegungsaufgaben. Verbinde.

63 · 3 = 189
37 · 6 = 222
4 · 48 = 192
8 · 22 = 176

30 · 6 = 180
8 · 20 = 160
60 · 3 = 180
4 · 40 = 160

8 · 2 = 16
3 · 3 = 9
7 · 6 = 42
4 · 8 = 32

④ Umfahre die Aufgaben, die du im Kopf rechnest. Löse die restlichen Aufgaben halbschriftlich.

6 · 28 = 168
7 · 27 = 189
4 · 43 = 172
5 · 32 = 160
67 · 2 = 134
64 · 3 = 192
28 · 4 = 112
26 · 5 = 130
5 · 120 = 600
342 · 2 = 684
6 · 67 = 402
412 · 3 = 1236

① Rechne auf deinem Weg.

156 : 6 = **26**	444 : 6 = **74**	588 : 6 = **98**	210 : 6 = **35**
120 : 6 = 20	420 : 6 = 70	540 : 6 = 90	180 : 6 = 30
36 : 6 = 6	24 : 6 = 4	48 : 6 = 8	30 : 6 = 5

245 : 5 = **49**	255 : 5 = **51**	185 : 5 = **37**	495 : 5 = **99**
200 : 5 = 40	250 : 5 = 50	150 : 5 = 30	450 : 5 = 90
45 : 5 = 9	5 : 5 = 1	35 : 5 = 7	45 : 5 = 9

② Rechne. Es kann auch ein Rest bleiben.

636 : 6 = **106**   235 : 5 = **47**   816 : 8 = **102**

315 : 7 = **45**   368 : 8 = **46**   525 : 5 = **105**

462 : 7 = **66**   552 : 9 = **61 R 3**   365 : 6 = **60 R 5**

③ Rechne immer zuerst die einfachste Aufgabe.

360 : 6 = **60**	427 : 7 = **61**	624 : 8 = **78**	990 : 9 = **110**
354 : 6 = **59**	434 : 7 = **62**	640 : 8 = **80**	954 : 9 = **106**
348 : 6 = **58**	420 : 7 = **60**	656 : 8 = **82**	972 : 9 = **108**

Ich kann fast alles im Kopf rechnen.

Kinder haben Teppiche ausgemessen und aufgezeichnet.
Hier sind verschiedene Teppiche verkleinert dargestellt.

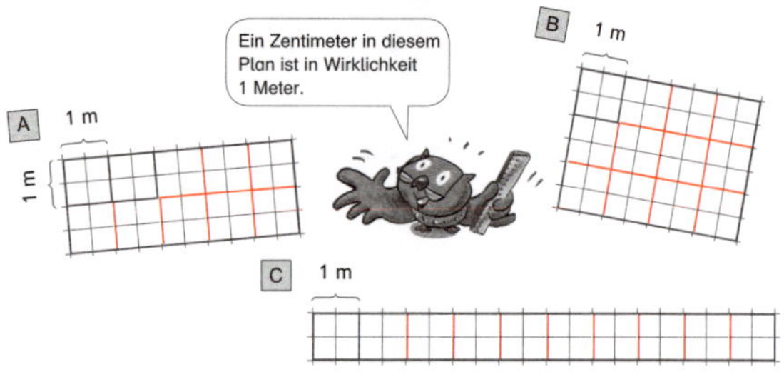

Ein Zentimeter in diesem Plan ist in Wirklichkeit 1 Meter.

A   1 m   1 m

B   1 m

C   1 m

① Zeiche die Meterquadrate ein.
Wie groß ist die Fläche der Teppiche in Wirklichkeit?

Teppich A: **10** Meterquadrate

Teppich B: **12** Meterquadrate

Teppich C: **10** Meterquadrate

② Bestimme den Umfang der Teppiche in Wirklichkeit.

Teppich A: **14** Meter

Teppich B: **14** Meter

Teppich C: **22** Meter

③ Welcher Teppich ist am teuersten?

Teppich	A	B	C
Kosten pro Meterquadrat	17 €	20 €	22 €

10 · 17 € = 170 €

12 · 20 € = 240 €

10 · 22 € = 220 €

A: **Teppich B ist am teuersten.**

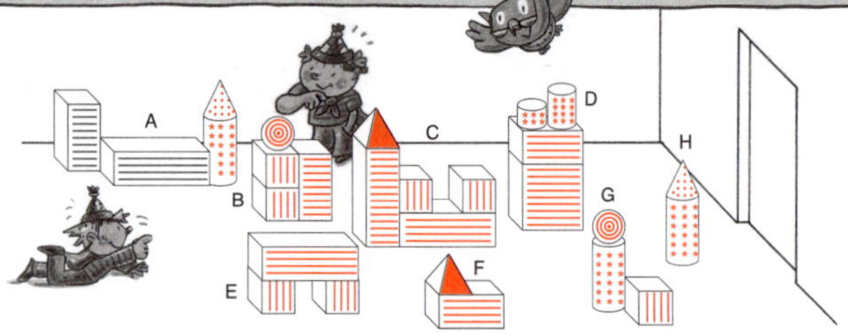

① Zähle die Körper.

7 Würfel   **9** Quader   **2** Kegel   **5** Zylinder   **2** Kugeln   **2** Pyramiden

Färbe die Würfel blau, die Quader gelb, die Kegel rot,
die Zylinder braun, die Kugeln grün und die Pyramiden schwarz.

② Wer sieht welches Gebäude so?

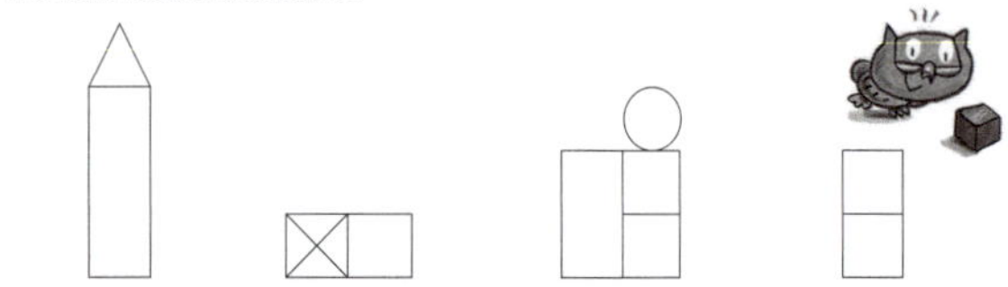

C Simsala   **F** Eulalia   **B** Bim   **E** Simsala

C Bim   **E** Eulalia   **B** Simsala

③ Erkennst du die Grundrisse?

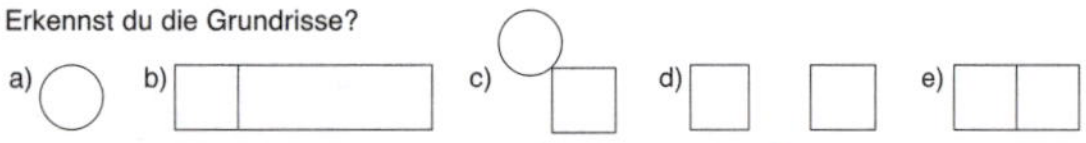

a)   b)   c)   d)   e)

H   **C**   **G**   **E**   **B**

---

① Stefan kauft sich ein gebrauchtes **Aquarium** für **90 €**.
Die **Heizung** und der **Innenfilter** kosten zusammen **65 €**.
Dazu sucht er sich noch **2** Guppys aus. Ein Fisch kostet **7,50 €**.
Stefan hat insgesamt **200 €** zur Verfügung. Reicht sein Geld?

a) Ergänze die fehlenden Textteile.

Aquarium   Innenfilter   Heizung   65 €   90 €   7,50 €   200 €   2

b) Rechne.

90 € + 65 € + 15 € = 170 €

A: **Das Geld reicht. 30 € bleiben übrig.**

② Miriam und Jan haben insgesamt 35 € gespart. Sie möchten für ihr Aquarium noch dieses Zubehör kaufen.

7,95 €   3,95 €   1,95 €   2,95 €   11,80 €

a) Wie viel kostet das Zubehör insgesamt?

A: **Das Zubehör kostet 28,60 €.**

7 9 5 €		2 8 6 0 €
3 9 5 €	+	7 6 0 €
1 9 5 €		
2 9 5 €		3 6 2 0 €
+ 1 1 8 0 €		
2 8 6 0 €		

b) Reicht ihr Geld auch noch für eine Wasserpflanze zu 7,60 €?

A: **Das Geld reicht nicht.**
Es fehlen 1,20 €.

☆ ③

je 3,99 €   Goldfisch je 8,95 €   50

a) Schreibe eine Rechengeschichte, in der alle Angaben vorkommen.

Beispiel: Anna hat insgesamt 50 €
gespart. Sie kauft 2 Goldfische
und 2 Dosen Fischfutter.
Wie viel Geld hat sie am Ende noch?

b) Rechne.

8 9 5 €	5 0,0 0 €
8 9 5 €	− 2 5,8 8 €
3 9 9 €	2 4,1 2 €
+ 3 9 9 €	
2 5 8 8 €	

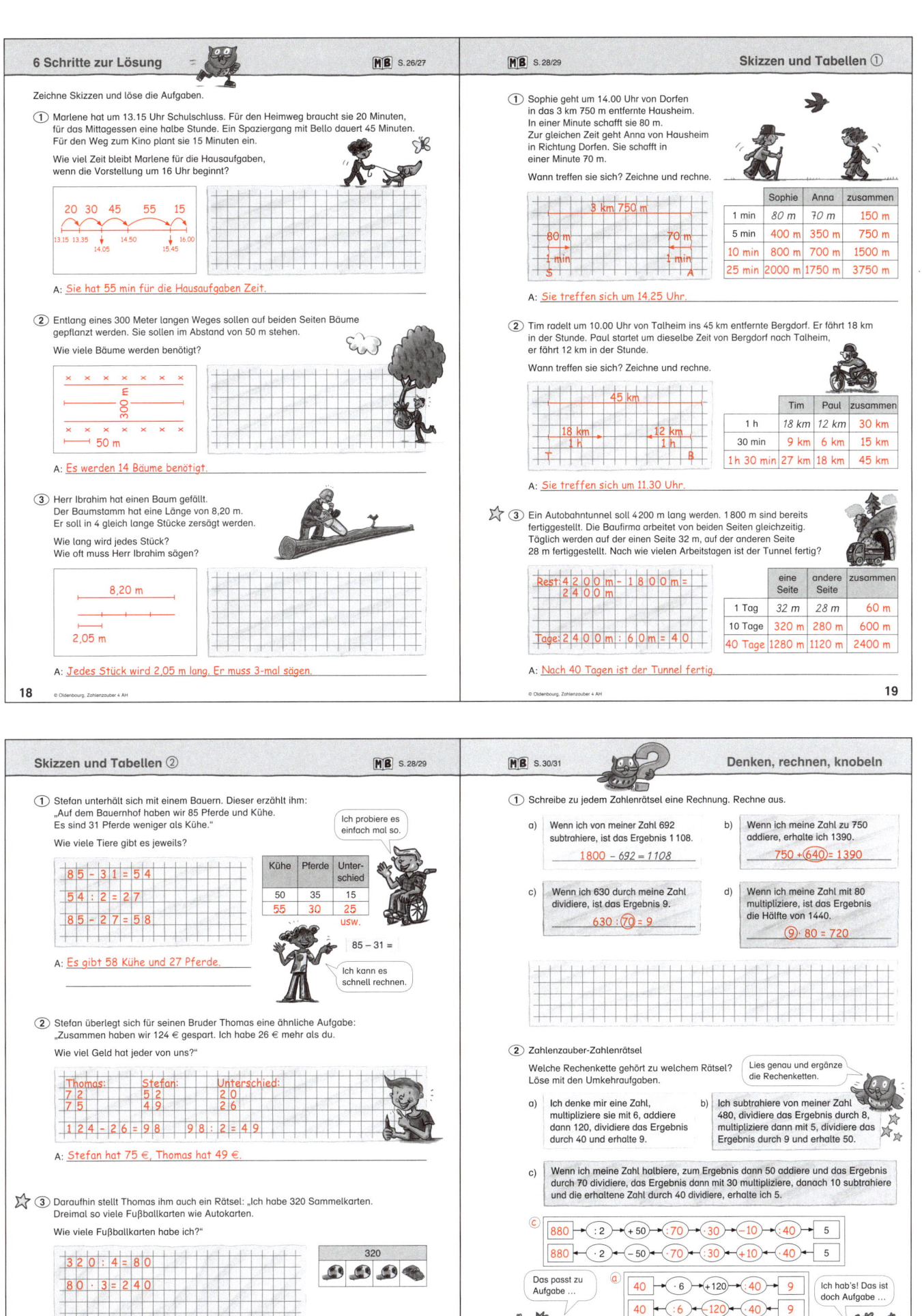

Zeichne Skizzen und löse die Aufgaben.

① Marlene hat um 13.15 Uhr Schulschluss. Für den Heimweg braucht sie 20 Minuten, für das Mittagessen eine halbe Stunde. Ein Spaziergang mit Bello dauert 45 Minuten. Für den Weg zum Kino plant sie 15 Minuten ein.

Wie viel Zeit bleibt Marlene für die Hausaufgaben, wenn die Vorstellung um 16 Uhr beginnt?

```
    20   30   45     55   15
 13.15 13.35      14.50      16.00
         14.05       15.45
```

A: Sie hat 55 min für die Hausaufgaben Zeit.

② Entlang eines 300 Meter langen Weges sollen auf beiden Seiten Bäume gepflanzt werden. Sie sollen im Abstand von 50 m stehen.

Wie viele Bäume werden benötigt?

300 m
50 m

A: Es werden 14 Bäume benötigt.

③ Herr Ibrahim hat einen Baum gefällt. Der Baumstamm hat eine Länge von 8,20 m. Er soll in 4 gleich lange Stücke zersägt werden.

Wie lang wird jedes Stück?
Wie oft muss Herr Ibrahim sägen?

8,20 m
2,05 m

A: Jedes Stück wird 2,05 m lang. Er muss 3-mal sägen.

① Sophie geht um 14.00 Uhr von Dorfen in das 3 km 750 m entfernte Hausheim. In einer Minute schafft sie 80 m. Zur gleichen Zeit geht Anna von Hausheim in Richtung Dorfen. Sie schafft in einer Minute 70 m.

Wann treffen sie sich? Zeichne und rechne.

3 km 750 m
80 m — 70 m
1 min — 1 min
S — A

	Sophie	Anna	zusammen
1 min	80 m	70 m	150 m
5 min	400 m	350 m	750 m
10 min	800 m	700 m	1500 m
25 min	2000 m	1750 m	3750 m

A: Sie treffen sich um 14.25 Uhr.

② Tim radelt um 10.00 Uhr von Talheim ins 45 km entfernte Bergdorf. Er fährt 18 km in der Stunde. Paul startet um dieselbe Zeit von Bergdorf nach Talheim, er fährt 12 km in der Stunde.

Wann treffen sie sich? Zeichne und rechne.

45 km
18 km — 12 km
1 h — 1 h
T — B

	Tim	Paul	zusammen
1 h	18 km	12 km	30 km
30 min	9 km	6 km	15 km
1h 30 min	27 km	18 km	45 km

A: Sie treffen sich um 11.30 Uhr.

③ Ein Autobahntunnel soll 4 200 m lang werden. 1 800 m sind bereits fertiggestellt. Die Baufirma arbeitet von beiden Seiten gleichzeitig. Täglich werden auf der einen Seite 32 m, auf der anderen Seite 28 m fertiggestellt. Nach wie vielen Arbeitstagen ist der Tunnel fertig?

Rest: 4 200 m – 1 800 m = 2 400 m

Tage: 2 400 m : 60 m = 40

	eine Seite	andere Seite	zusammen
1 Tag	32 m	28 m	60 m
10 Tage	320 m	280 m	600 m
40 Tage	1280 m	1120 m	2400 m

A: Nach 40 Tagen ist der Tunnel fertig.

① Stefan unterhält sich mit einem Bauern. Dieser erzählt ihm: „Auf dem Bauernhof haben wir 85 Pferde und Kühe. Es sind 31 Pferde weniger als Kühe."

Wie viele Tiere gibt es jeweils?

85 – 31 = 54
54 : 2 = 27
85 – 27 = 58

Kühe	Pferde	Unter- schied
50	35	15
55	30	25
		usw.

85 – 31 =

Ich probiere es einfach mal so.
Ich kann es schnell rechnen.

A: Es gibt 58 Kühe und 27 Pferde.

② Stefan überlegt sich für seinen Bruder Thomas eine ähnliche Aufgabe: „Zusammen haben wir 124 € gespart. Ich habe 26 € mehr als du."

Wie viel Geld hat jeder von uns?

Thomas:	Stefan:	Unterschied:
72	52	20
75	49	26

124 – 26 = 98   98 : 2 = 49

A: Stefan hat 75 €, Thomas hat 49 €.

③ Daraufhin stellt Thomas ihm auch ein Rätsel: „Ich habe 320 Sammelkarten. Dreimal so viele Fußballkarten wie Autokarten.

Wie viele Fußballkarten habe ich?"

320 : 4 = 80
80 · 3 = 240

320

A: Thomas hat 240 Fußballkarten.

① Schreibe zu jedem Zahlenrätsel eine Rechnung. Rechne aus.

a) Wenn ich von meiner Zahl 692 subtrahiere, ist das Ergebnis 1 108.

1 800 – 692 = 1 108

b) Wenn ich meine Zahl zu 750 addiere, erhalte ich 1 390.

750 + 640 = 1 390

c) Wenn ich 630 durch meine Zahl dividiere, ist das Ergebnis 9.

630 : 70 = 9

d) Wenn ich meine Zahl mit 80 multipliziere, ist das Ergebnis die Hälfte von 1 440.

9 · 80 = 720

② Zahlenzauber-Zahlenrätsel

Welche Rechenkette gehört zu welchem Rätsel? Löse mit den Umkehraufgaben.

Lies genau und ergänze die Rechenketten.

a) Ich denke mir eine Zahl, multipliziere sie mit 6, addiere dann 120, dividiere das Ergebnis durch 40 und erhalte 9.

b) Ich subtrahiere von meiner Zahl 480, dividiere das Ergebnis durch 8, multipliziere dann mit 5, dividiere das Ergebnis durch 9 und erhalte 50.

c) Wenn ich meine Zahl halbiere, zum Ergebnis dann 50 addiere und das Ergebnis durch 70 dividiere, das Ergebnis dann mit 30 multipliziere, danach 10 subtrahiere und die erhaltene Zahl durch 40 dividiere, erhalte ich 5.

ⓒ
880 → : 2 → + 50 → : 70 → · 30 → – 10 → : 40 → 5
880 ← · 2 ← – 50 ← · 70 ← : 30 ← + 10 ← · 40 ← 5

Das passt zu Aufgabe …

ⓐ
40 → · 6 → + 120 → : 40 → 9
40 ← : 6 ← – 120 ← · 40 ← 9

Ich hab's! Das ist doch Aufgabe …

ⓑ
1 200 → – 480 → : 8 → · 5 → : 9 → 50
1 200 ← + 480 ← · 8 ← : 5 ← · 9 ← 50

① Aus Eulalias Knobelbuch:

a) Sarah und Lena treffen sich am 26. Januar beim Eislaufen. Sarah geht jeden 4. Tag, Lena regelmäßig nur am Montag zum Eislaufen. Wann treffen sich die beiden wieder beim Eislaufen?

23. Februar

b) Die erste von 3 Zahlen ist 75. Die zweite Zahl ist um 23 größer als die 1. Zahl. Alle Zahlen zusammen ergeben 246.

75 + 98 + 73 = 246

c) Eine vierstellige Zahl hat an der Tausenderstelle die kleinste ungerade Zahl, an der Hunderterstelle die kleinste gerade Zahl. Die Summe dieser beiden Zahlen ist die Ziffer an der Zehnerstelle. An der Einerstelle steht die größte einstellige gerade Zahl.

1238

d) Von den 29 Kindern der Klasse 4b spielen 8 Kinder Tennis, 3 davon singen auch noch im Chor. 7 Kinder spielen weder Tennis noch singen sie im Chor. Wie viele Kinder der Klasse 4b singen im Chor?

17

② Unter welchem Baum ist ein Schatz vergraben? Kreuze an.

– Der Baum mit dem Schatz steht nicht direkt neben einem anderen Baum.
– Neben dem Baum mit dem Schatz wachsen keine Pilze.

---

① Schriftlich oder im Kopf? Verändern hilft?

a) 704 + 267 = __971__   457 + 1003 = 1460   396 + 1457 = 1853
700 + 271 = 971   460 + 1000 = 1460   400 + 1453 = 1853

b) 598 − 376 = __222__   1727 − 599 = 1128   1803 − 242 = 1561
600 − 378 = 222   1728 − 600 = 1128   1800 − 239 = 1561

②

	4	1	5			9	4	5			1	4	8	6			1	5	0	2
+	2	3	2		+	1	5	0		+		2	7	9		+		4	9	8
	6	4	7			1	0	9	5		1	7	6	5			2	0	0	0

	7	4	5			8	3	9			1	3	8	2			1	8	7	8
−	3	5	6		−	4	7	7		−		2	7	5		−		6	9	9
	3	8	9			3	6	2			1	1	0	7			1	1	7	9

Jetzt bin ich fit beim schriftlichen Rechnen!

③ Schreibe untereinander und rechne.

a) 722 + 88 + 1475   b) 788 − 355   c) 1801 − 543

a)		7	2	2		b)		7	8	8		c)		1	8	0	1
	+		8	8			−		3	5	5		−			5	4	3
	+	1	4	7	5				4	3	3				1	2	5	8
		2	2	8	5													

④ a) Aus welchen Formen besteht die Geo-Burg?

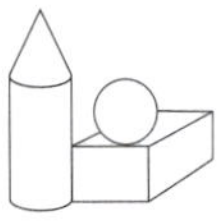

Zylinder, Kegel, Quader, Kugel

b) Zeichne den Grundriss der Burg.

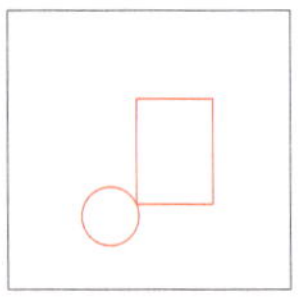

⑤ Zeichne das Muster weiter.

---

①

·	20	7	27
4	80	28	108

·	80	5	85
6	480	30	510

·	60	6	66
5	300	30	330

② Halbschriftlich oder im Kopf?

4 · 35 = __140__   65 · 3 = __195__   5 · 330 = __1650__   4 · 125 = __500__
4 · 30 = 120   60 · 3 = 180   5 · 300 = 1500   4 · 100 = 400
4 · 5 = 20   5 · 3 = 15   5 · 30 = 150   4 · 25 = 100

305 : 5 = __61__   207 : 9 = __23__   434 : 7 = __62__   672 : 8 = __84__
300 : 5 = 60   180 : 9 = 20   420 : 7 = 60   640 : 8 = 80
5 : 5 = 1   27 : 9 = 3   14 : 7 = 2   32 : 8 = 4

③ Beim Dividieren kann auch ein Rest bleiben.

667 : 8 = __83 R3__   829 : 9 = __92 R1__   548 : 5 = __109 R3__
640 : 8 = __80__   810 : 9 = 90   500 : 5 = 100
27 : 8 = __3 R3__   19 : 9 = 2 R1   48 : 5 = 9 R3

435 : 6 = __72 R3__   736 : 9 = __81 R7__   580 : 7 = __82 R6__
420 : 6 = 70   720 : 9 = 80   560 : 7 = 80
15 : 6 = 2 R3   16 : 9 = 1 R7   20 : 7 = 2 R6

☆ ④ Rechenrätsel

a) Ich denke mir eine Zahl, multipliziere sie mit 50, dividiere das Ergebnis durch 90, addiere 20, multipliziere das Ergebnis mit 4 und erhalte 100.

b) Ich subtrahiere von meiner Zahl 250, dividiere das Ergebnis durch 10, multipliziere dieses Ergebnis mit 4, dividiere das Ergebnis durch 6 und erhalte das Fünffache von 8.

a) 9 →·50→ 450 →:90→ 5 →+20→ 25 →·4→ 100

b) 850 →−250→ 600 →:10→ 60 →·4→ 240 →:6→ 40

---

① Kreise immer die Stellen ein, die du beim Lesen zusammenfasst. Lies die Zahlen dann vor. Schreibe sie mit Leselücken auf.

a) 34 617   b) 903 122
46 1789   3 400 351
3 176 663   300 12

a)	3	4	6	1	7		9	0	3	1	2	2
	4	6	1	7	8	9	3	4	0	0	3	5	1
	3	1	7	6	6	6	3	3	0	0	1	2

② Verbinde jede Sprechblase mit der passenden Zahlenkarte.

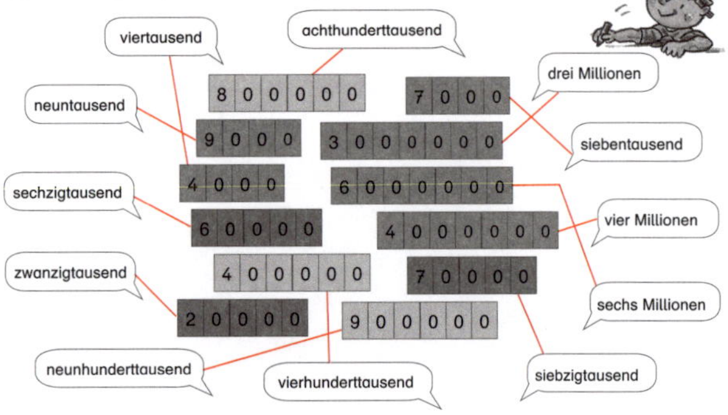

viertausend — achthunderttausend — drei Millionen — neuntausend — siebentausend — sechzigtausend — vier Millionen — zwanzigtausend — sechs Millionen — neunhunderttausend — vierhunderttausend — siebzigtausend

Zahlenkarten:
800 000   7 000
9 000   3 000 000
4 000   6 000 000
6 0000   4 000 000
4 0000   70 000
2 0000   9 000 000

③ Welcher Wurm frisst welchen Apfel? Verbinde.
Tipp: Unterteile die Zahlwörter so, dass du sie gut lesen kannst.

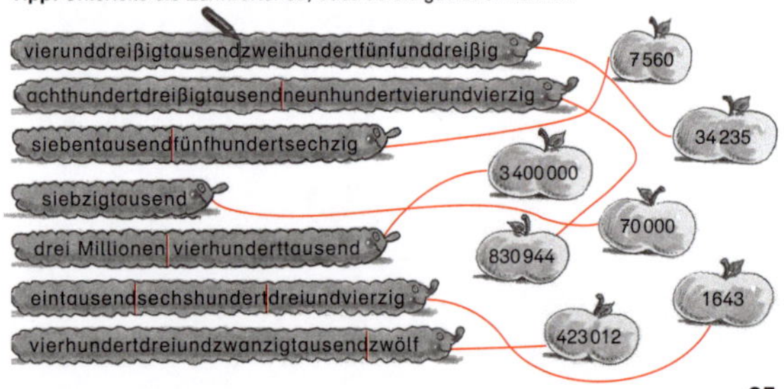

vierunddreißigtausendzweihundertfünfunddreißig — 7560
achthundertdreißigtausendneunhundertvierundvierzig — 34235
siebentausendfünfhundertsechzig — 3400000
siebzigtausend — 70000
drei Millionen vierhunderttausend — 830944
eintausendsechshundertdreiundvierzig — 1643
vierhundertdreiundzwanzigtausendzwölf — 423012

① Zerlege.
78 355 = 70 000 + 8 000 + 300 + 50 +
341 783 = 300 000 + 40 000 + 1 000 + 700 + 80 + 3
4 820 = 4 000 + 800 + 20
1 902 583 = 1 000 000 + 900 000 + 2 000 + 500 + 80 + 3
68 901 = 60 000 + 8 000 + 900 + 1
562 700 = 500 000 + 60 000 + 2 000 + 700

② Wie heißt die Zahl?
50 000 + 20 + 300 000 + 4 000 = 354 020
5 000 000 + 900 + 10 + 7 000 + 600 000 = 5 607 910
700 000 + 5 + 90 + 600 + 20 000 + 4 000 = 724 695
8 + 30 + 500 + 6 000 + 40 000 + 500 000 = 546 538
600 000 + 30 000 + 2 000 + 500 + 40 + 1 = 632 541

③ Welche Zahlen kannst du mit diesen Karten legen? Beginne mit der kleinsten Zahl.

5 Zahlen habe ich schon.

8 000   60 000   2   500   30

2, 30, 32, 500, 502, 530, 532, 8000, 8002, 8030, 8032,
8500, 8502, 8530, 8532, 60000, 60002, 60030, 60032,
60500, 60502, 60530, 60532, 68000, 68002, 68030,
68032, 68500, 68502, 68530, 68532

④

	M	HT	ZT	T	H	Z	E	
a)	384 652		3	8	4	6	5	2	3HT 8ZT 4T 6H 5Z 2E
	905 322		9	0	5	3	2	2	9HT 5T 3H 2Z 2E
	1 530 718	1	5	3	0	7	1	8	1M 5HT 3 ZT 7H 1Z 8E
b)	1 043 625	1	0	4	3	6	2	5	1M 4ZT 3T 6H 2Z 5E
	2 200 980	2	2	0	0	9	8	0	9H 2M 8Z 2HT
	4 066 107	4	0	6	6	1	0	7	7E 6T 4M 1H 6ZT
c)	3 000 096	3	0	0	0	0	9	6	drei Millionen sechsundneunzig
	85 000			8	5	0	0	0	fünfundachtzigtausend
	407 000		4	0	7	0	0	0	vierhundertsiebentausend

---

① Simsala hat diese Zahl gelegt: 201 324

Ich lege ein Plättchen dazu. Ich kann es zu den HT, ZT, T, H, Z oder E legen.

Zeichne Bims Plättchen jeweils an einer anderen Stelle dazu. Wie heißen die neuen Zahlen?

211 324   301 324   202 324

201 424   201 334   201 325

② Welche Zahlen entstehen, wenn du hier jeweils ein Plättchen dazulegst?

1 230 203

2 230 203   1 231 203   1 230 213
1 330 203   1 230 303   1 230 204
1 240 203

③ Bim hat diese Zahl gelegt: 341 232

Ich nehme jeweils ein Plättchen weg. Ich kann es von den HT, ZT, … wegnehmen.

Streiche ein Plättchen jeweils an einer anderen Stelle weg. Wie heißen die neuen Zahlen?

241 232   331 232   340 232

341 132   341 222   341 231

---

① a) Trage die Nachbarzahlen zu den Knotenzahlen ein.

599 999	600 000	600 001		39 999	40 000	40 001
199 999	200 000	200 001		69 999	70 000	70 001
899 999	900 000	900 001		19 999	20 000	20 001

b) Nachbartausender: Male den Tausender an, der näher liegt.

467 000	467 831	468 000		63 000	63 064	64 000
506 000	506 340	507 000		745 000	745 989	746 000
770 000	770 651	771 000		342 000	342 567	343 000

c) Nachbarzehntausender: Male den Zehntausender an, der näher liegt.

460 000	467 831	470 000		60 000	63 064	70 000
500 000	506 340	510 000		740 000	745 989	750 000
770 000	770 651	780 000		340 000	342 567	350 000

d) Nachbarhunderttausender: Male den Hunderttausender an, der näher liegt.

400 000	467 831	500 000		0	63 064	100 000
500 000	506 340	600 000		700 000	745 989	800 000
700 000	770 651	800 000		300 000	342 567	400 000

② Vergleiche mit <, >, =.

506 340 < 560 340   65 340 < 560 430   506 340 > 506 034
234 567 < 243 567   42 576 > 34 257   234 765 > 234 567
673 957 > 391 004   78 462 < 673 856   672 890 = 672 890
28 301 < 283 011   4 718 < 47 018   22 604 > 22 406

③ Ordne nach der Größe. Beginne mit der kleinsten Zahl.
3 892, 45 613, 5 310, 61 419, 1 300 250, 174, 674 910, 247, 456 013
174, 247, 3 892, 5 310, 45 613, 61 419, 456 013, 674 910, 1 300 250

① Zähle in Schritten weiter.
a) 150 000, 200 000, 250 000, 300 000, 350 000, 400 000, 450 000
670 000, 677 000, 684 000, 691 000, 698 000, 705 000, 712 000
199 995, 199 997, 199 999, 200 001, 200 003, 200 005, 200 007

b) 80 000, 79 500, 79 000, 78 500, 78 000, 77 500, 77 000
540 900, 540 500, 540 100, 539 700, 539 300, 538 900, 538 500
265 615, 265 612, 265 609, 265 606, 265 603, 265 600, 265 597

☆ c) 492 390, 492 391, 492 393, 492 396, 492 400, 492 405, 492 411
506 110, 506 105, 506 095, 506 090, 506 080, 506 075, 506 065
97 683, 97 693, 97 690, 97 700, 97 697, 97 707, 97 704

② Ergänze die fehlenden Zahlen und ordne die Kärtchen richtig zu.

a) 1 600   400   3 400   2 700   6 800   5 400   7 400
0   1 000   2 000   3 000   4 000   5 000   6 000   7 000

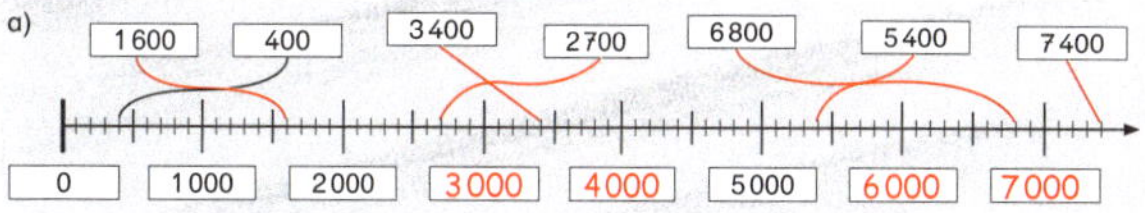

b) 7 000   22 000   17 000   38 000   51 000   63 000   59 000
0   10 000   20 000   30 000   40 000   50 000   60 000   70 000

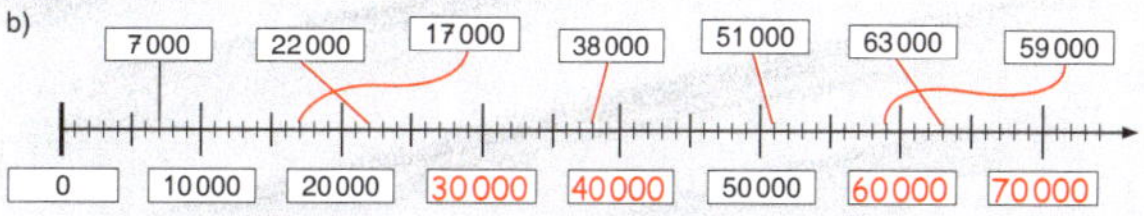

c) 90 000   130 000   350 000   420 000   290 000   580 000   690 000
0   100 000   200 000   300 000   400 000   500 000   600 000   700 000

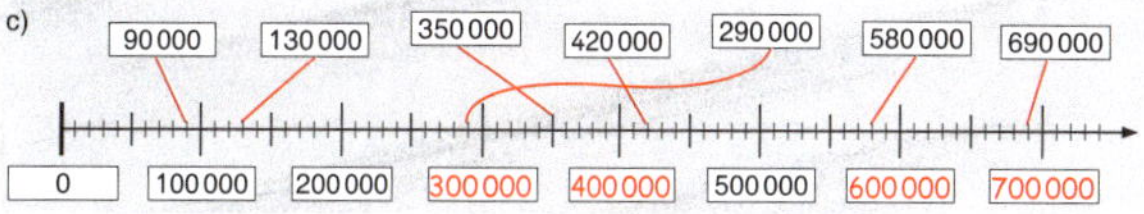

d) 877 000   851 000   874 000   891 000   922 000   901 000
850 000   860 000   870 000   880 000   890 000   900 000   910 000   920 000

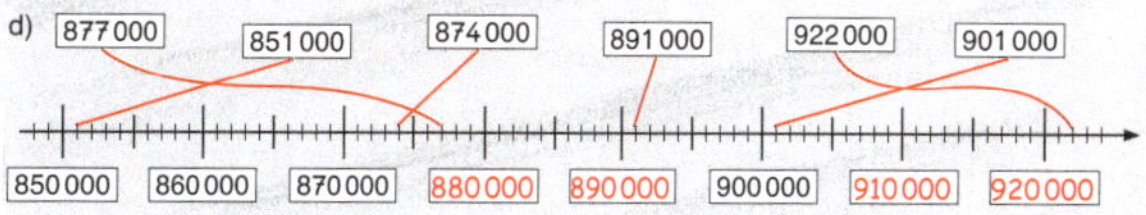

Zahlenzauber 4 Arbeitsheft
© 2011 Oldenbourg Schulbuchverlag GmbH

① Wie heißen die Zahlen?

a)

| 232 300 | 234 100 | 235 500 | 237 200 | 238 700 |

| 232 000 | 233 000 | 234 000 | 235 000 | 236 000 | 237 000 | 238 000 | 239 000 |

b)

| 743 000 | 761 000 | 775 000 | 792 000 | 807 000 |

| 740 000 | 750 000 | 760 000 | 770 000 | 780 000 | 790 000 | 800 000 | 810 000 |

☆ ② Zahlenrätsel

a) Meine Zahl ist fünfstellig und größer als 90 000. Sie hat lauter gleiche Ziffern. Wie heißt die Zahl?

99 999

b) Meine Zahl liegt genau in der Mitte zwischen 200 000 und 230 000. Welche Zahl ist es?

215 000

c) Meine Zahl ist sechsstellig. Sie ist kleiner als 500 000, aber größer als 400 000. Sie hat lauter gleiche Ziffern. Wie heißt meine Zahl?

444 444

d) Meine Zahl liegt zwischen 48 000 und 49 000. Sie hat als Ziffern 4 Vierer. Wie heißt sie?

48 444

e) Meine Zahl liegt zwischen 500 000 und 600 000. Sie besteht aus den Ziffern 0, 1, 2, 3, 4, 5. Ihre Ziffern sind der Reihe nach geordnet. Welche Zahl meine ich?

543 210

f) Meine Zahl hat dreimal die Ziffer 7 und dreimal die 5. Sie ist die größte Zahl, die man mit diesen Ziffern bilden kann. Findest du die Zahl?

777 555

g) Meine Zahl ist die größte sechsstellige gerade Zahl. Schreibe sie auf.

999 998

h) Meine Zahl ist die kleinste sechsstellige ungerade Zahl. Schreibe sie auf.

100 001

---

① Tausender-Freunde

450 550   710 290   855 145   673 327

② Zehntausender-Freunde

3 700 6 300   1 100 8 900   7 340 2 660

③ Millionen-Freunde   z.B.

263 000 737 000   416 000 584 000   384 000 616 000

667 000 333 000   975 000 25 000

④ Vorsicht! Achte auf die Stellen.

a)
40 000 + 3 000 = 43 000
40 000 + 300 000 = 340 000
4 000 + 3 000 = 7 000
400 000 + 30 000 = 430 000

b)
500 000 − 200 000 = 300 000
500 000 − 20 000 = 480 000
500 000 − 2 000 = 498 000
500 000 − 200 = 499 800

⑤ Kettenrechnungen

| 60 000 | + | 3 000 | + | 20 | + | 8 | + | 30 000 | + | 500 | = | 93 528 |

| 9 000 | + | 7 | + | 80 000 | + | 300 | + | 500 000 | + | 2 | = | 589 309 |

| 4 000 | + | 20 000 | + | 50 | + | 6 | + | 300 000 | + | 900 | = | 324 956 |

⑥ Von leichten zu schweren Aufgaben

a)
30 000 + 40 000 = 70 000
35 000 + 40 000 = 75 000
35 000 + 42 000 = 77 000
35 700 + 42 000 = 77 700
35 700 + 42 100 = 77 800
35 760 + 42 100 = 77 860
35 760 + 42 130 = 77 890

b)
80 000 − 20 000 = 60 000
85 000 − 20 000 = 65 000
85 000 − 22 000 = 63 000
85 300 − 22 000 = 63 300
85 300 − 22 100 = 63 200
85 360 − 22 100 = 63 260
85 360 − 22 140 = 63 220

---

① Runde auf volle Hunderttausender, Zehntausender und Tausender.

	HT	ZT	T
561 814	≈ 600 000	≈ 560 000	≈ 562 000
423 836	≈ 400 000	≈ 420 000	≈ 424 000
742 477	≈ 700 000	≈ 740 000	≈ 742 000
638 185	≈ 600 000	≈ 640 000	≈ 638 000
193 498	≈ 200 000	≈ 190 000	≈ 193 000

≈ bedeutet „ist ungefähr".

② Welche Zahlen könnten hier gerundet worden sein? Schreibe die kleinsten/größten Zahlen auf.

gerundete Zahl	kleinste Zahl	größte Zahl
32 100	32 050	32 149
86 800	86 750	86 849
29 700	29 650	29 749
31 500	31 450	31 549
85 600	85 550	85 649

gerundete Zahl	kleinste Zahl	größte Zahl
840 000	835 000	844 999
120 000	115 000	124 999
610 000	605 000	614 999
280 000	275 000	284 999
110 000	105 000	114 999

③ a)

Stadionbesucher		Runde auf volle ZT	Runde auf volle T
1) Bayern München	69 901	70 000	70 000
2) BVB Dortmund	81 168	80 000	81 000
3) Bor. Mönchengladb.	49 464	50 000	49 000
4) VfB Stuttgart	53 512	50 000	54 000
5) Hertha BSC Berlin	64 843	60 000	65 000
6) Eintracht Frankfurt	47 463	50 000	47 000

b) Vervollständige das Streifendiagramm. Verwende die gerundeten Tausenderzahlen.

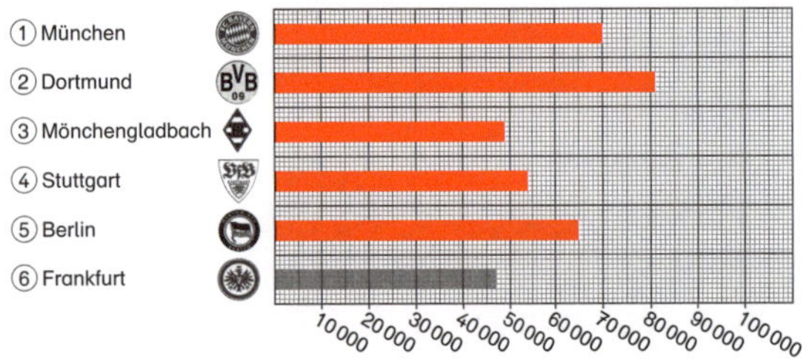

① München
② Dortmund
③ Mönchengladbach
④ Stuttgart
⑤ Berlin
⑥ Frankfurt

10 000 20 000 30 000 40 000 50 000 60 000 70 000 80 000 90 000 100 000

---

① Den Stuttgarter Tierpark „Wilhelma" besuchen in einem Jahr mehr als 2 Millionen Besucher.

Jan. 45 650 — 50 000, Feb. 77 357 — 80 000, März 184 153 — 180 000,
April 193 723 — 190 000, Mai 177 860 — 180 000, Juni 211 887 — 210 000,
Juli 259 538 — 260 000, Aug. 317 977 — 320 000, Sept. 263 737 — 260 000,
Okt. 189 570 — 190 000, Nov. 69 732 — 70 000, Dez. 55 450 — 60 000

a) Runde die Zahlen auf glatte Zehntausender und notiere sie.

b) Zeichne ein Balkendiagramm zu den gerundeten Zahlen.

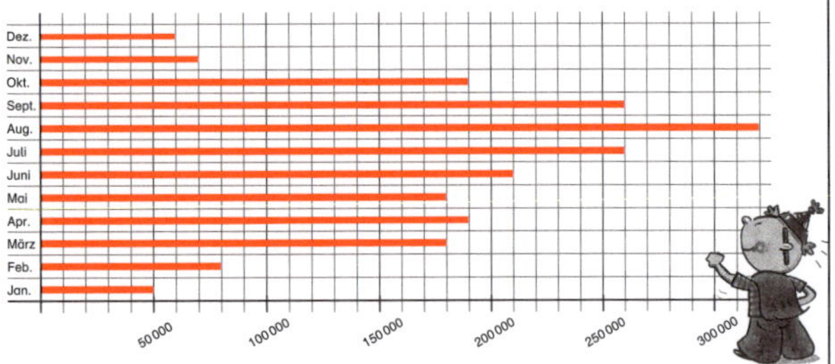

Dez.
Nov.
Okt.
Sept.
Aug.
Juli
Juni
Mai
Apr.
März
Feb.
Jan.

50 000 100 000 150 000 200 000 250 000 300 000

c) Was kannst du aus dem Diagramm ablesen? Notiere mindestens zwei wichtige Aussagen: (z. B.) Im Januar kamen die wenigsten Besucher, im August die meisten.

②

	Säugetiere	Vögel	Reptilien	Amphibien	Fische
Nordamerika	60 000	70 000	25 000	5 000	100 000
Lateinamerika	10 000	25 000	5 000	1 000	25 000
Europa	90 000	130 000	20 000	8 000	180 000
Asien	75 000	100 000	20 000	10 000	50 000
Afrika	7 500	15 000	2 500	500	5 000
Australien	7 500	10 000	2 500	500	20 000
Gesamt	250 000	350 000	75 000	25 000	380 000

Das habe ich in einem Buch gefunden: So viele Tiere gibt es in den Zoos der Welt.

Welche der folgenden Aussagen sind richtig? Kreuze an.

⊗ Die meisten Reptilien finden sich in nordamerikanischen Zoos.
⊗ In den Zooanlagen Asiens sind zehnmal so viele Säugetiere zu finden wie in denen Afrikas.
⊗ Afrikanische Zoos beherbergen halb so viele Säugetiere wie Vögel.
○ Die meisten Zootiere finden sich in Afrika.

① **Merkaufgaben**

Diese Merkaufgaben musst du lernen.

100	1000	10000	100000
2 · _50_	2 · _500_	2 · _5000_	2 · _50000_
4 · _25_	4 · _250_	4 · _2500_	4 · _25000_
5 · _20_	5 · _200_	5 · _2000_	5 · _20000_
10 · _10_	8 · _125_	8 · _1250_	8 · _12500_

② **Denke an die Merkaufgaben.**

4	8	5	2
100 : _25_	1000 : _125_	100 : _20_	100 : _50_
1000 : _250_	10000 : _1250_	1000 : _200_	10000 : _5000_
10000 : _2500_	400 : _50_	10000 : _2000_	100000 : _50000_
100000 : _25000_	200 : _25_	200 : _40_	200000 : _100000_

③ **Aufgaben-Familien**

a) 8 · 4

8 · 40 =	_320_
80 · 4 =	_320_
80 · 40 =	_3200_
8 · 400 =	_3200_
80 · 400 =	_32000_
800 · 4 =	_3200_
800 · 40 =	_32000_
800 · 400 =	_320000_

b) 3 · 7

3 · 70 =	_210_
30 · 7 =	_210_
30 · 70 =	_2100_
3 · 700 =	_2100_
30 · 700 =	_21000_
300 · 7 =	_2100_
300 · 70 =	_21000_
300 · 700 =	_210000_

c) 48 : 8

480 : 8 =	_60_
480 : 80 =	_6_
4800 : 8 =	_600_
4800 : 80 =	_60_
4800 : 800 =	_6_
48000 : 8 =	_6000_
48000 : 80 =	_600_
48000 : 800 =	_60_

☆ ④ **Merkaufgaben entdecken – geschickt rechnen**

a) 2 · 70 · 5 = 10 · 70 = _700_
5 · 6 · 20 = _6 · 100_ = _600_
50 · 80 · 2 = _80 · 100_ = _8000_

b) 5 · 25 · 4 · 70 = 5 · 100 · 70 = _35000_
8 · 6 · 4 · 25 = _48 · 100_ = _4800_
5 · 3 · 200 · 4 = _12 · 1000_ = _12000_

① **Netze knüpfen: Notiere Aufgaben.**

7200 : 90 = 80   90 · 80 = 7200
7200 : 9 = 800   72 : 9 = 8   9 · 8 = 72   900 · 80 = 72000
720 : 80 = 9   9 8 72   80 · 9 = 720
720 : 8 = 90   72 : 8 = 9   8 · 9 = 72   800 · 90 = 72000

(Beispiel)

560 : 70 = 8   70 · 80 = 5600
5600 : 70 = 80   56 : 7 = 8   7 · 8 = 56   700 · 8 = 5600
56000 : 80 = 700   56 8   56 : 8 = 7   8 · 7 = 56   800 · 70 = 56000
56000 : 800 = 70   800 · 7 = 5600

② **Finde ·-Aufgaben zu den Ergebnissen.** (Beispiele)

4800	_60 · 80 = 4800_	_600 · 8 = 4800_	_800 · 6 = 4800_
25000	_500 · 50 = 25000_	_50 · 500 = 25000_	_5000 · 5 = 25000_

③ **Finde :-Aufgaben zu den Ergebnissen.**

600	_offene Aufgabenstellung_	
4000	_offene Aufgabenstellung_	

④ **Rechne in Schritten.**

a) 7000 · 30 = _7 · 3 · 1000 · 10_ = _21 · 10000_ = _210000_
800 · 900 = _8 · 9 · 100 · 100_ = _72 · 10000_ = _720000_
40 · 6000 = _4 · 6 · 10 · 1000_ = _24 · 10000_ = _240000_
500 · 700 = _5 · 7 · 100 · 100_ = _35 · 10000_ = _350000_

b) 72000 : 800 = _72000 : 8 · 100_ = _9000 : 100_ = _90_
8100 : 90 = _8100 : 9 · 10_ = _900 : 10_ = _90_
450000 : 50 = _450000 : 5 · 10_ = _90000 : 10_ = _9000_
32000 : 80 = _32000 : 8 · 10_ = _4000 : 10_ = _400_

① **Zähle in Schritten weiter.**

a) 100000, 125000, 150000, _175000_, _200000_, _225000_, _250000_
480000, 488000, 496000, _504000_, _512000_, _520000_, _528000_
198000, 198900, 199800, _200700_, _201600_, _202500_, _203400_

b) 1000000, 940000, 880000, _820000_, _760000_, _700000_, _640000_
620000, 614000, 608000, _602000_, _596000_, _590000_, _584000_
203000, 202400, 201800, _201200_, _200600_, _200000_, _199400_

② **Ergänze die fehlenden Zahlen und ordne die Kärtchen richtig zu.**

a) 280000   370000   490000   560000   740000   610000   880000

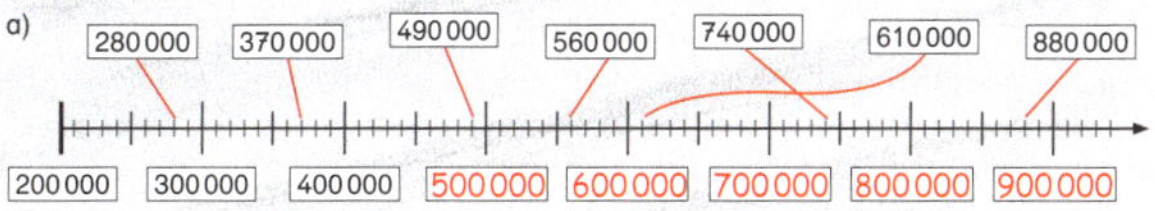

200000   300000   400000   _500000_   _600000_   _700000_   _800000_   _900000_

b) 671000   651000   669000   677000   722000   701000

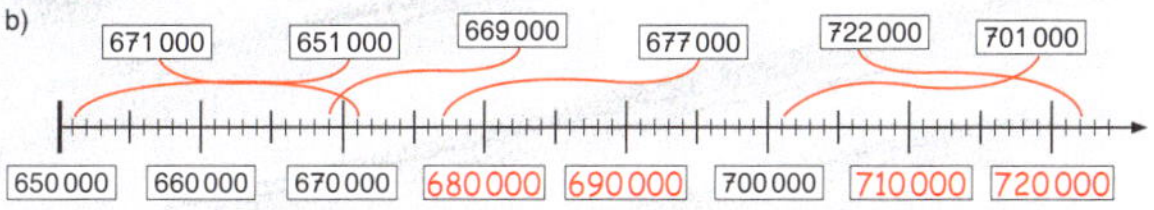

650000   660000   670000   _680000_   _690000_   700000   _710000_   _720000_

③ **Millionenfreunde**

50 _999950_   15000 _985000_   _299990_ 700010

_900001_ 99999   _864000_ 136000   99 _999901_

① **Kopfrechnen**

70000 + 20000 = _90000_   90000 – 6000 = _84000_
700000 + 20000 = _720000_   90000 – 60000 = _30000_
70000 + 2000 = _72000_   900000 – 60000 = _840000_
700000 + 2000 = _702000_   9000 – 600 = _8400_

② **Addieren und subtrahieren – das geht im Kopf!**

43400 + 7000 = _50400_   880000 – 50000 = _830000_
64900 + 800 = _65700_   940000 – 400000 = _540000_
360400 + 8000 = _368400_   625000 – 15000 = _610000_
55200 + 60000 = _115200_   500000 – 72000 = _428000_

③ **Wie viel fehlt? Ergänze.**

43000 + _40000_ = 83000   360000 + _420000_ = 780000
250000 + _500000_ = 750000   240000 + _220000_ = 460000
630000 + _370000_ = 1000000   730000 + _230000_ = 960000
82600 + _17400_ = 100000   160000 + _720000_ = 880000

④ **Multiplizieren und dividieren im Kopf.**

40000 durch 32 im Kopf rechnen?

3 · 4000 = _12000_   3 · 5000 = _15000_   40000 : 4 = _10000_
6 · 4000 = _24000_   6 · 5000 = _30000_   40000 : 8 = _5000_
12 · 4000 = _48000_   9 · 5000 = _45000_   40000 : 16 = _2500_
24 · 4000 = _96000_   18 · 5000 = _90000_   40000 : 32 = _1250_

⑤ **Dividieren: Von leichten zu schwierigen Aufgaben**

24000 : 40 = _600_   36000 : 6 = _6000_   560000 : 80 = _7000_
24400 : 40 = _610_   36600 : 6 = _6100_   568000 : 80 = _7100_
24440 : 40 = _611_   36648 : 6 = _6108_   568240 : 80 = _7103_

Der Quader

① Aus welchen Flächen kann man einen Quader bauen? Male sie gelb an.
Welche Flächen ergeben einen Würfel? Male sie blau an.

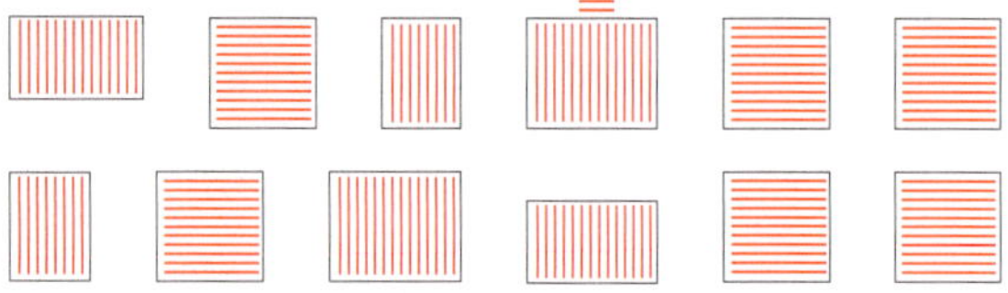

② Fülle die Tabelle aus. Vergleiche.

	Anzahl der Kanten	Anzahl der Ecken	Anzahl der Flächen	Flächenformen (Quadrat, Rechteck)
Würfel	12	8	6	Quadrat
Quader	12	8	6	Rechteck

③ Immer 2 Teile ergeben einen Quader. Male sie mit der gleichen Farbe aus.

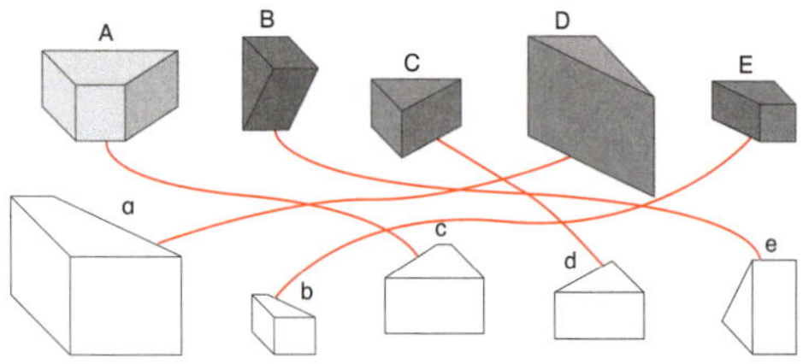

④ Wie viel Geschenkband brauchst du, um das Paket zu schmücken?
Für die Knoten und die Schleife benötigst du 80 cm Band.

$2 \cdot 60 = 120$ 120
$2 \cdot 30 = 60$ 60
$4 \cdot 20 = 80$ 80
        + 80
        340

30 cm
20 cm
60 cm

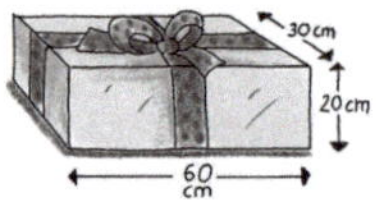

A: Ich brauche 3,40 m Band.

Würfelnetze – Quadernetze

① a) Färbe bei den Quadernetzen die Flächen gleich,
die sich beim gefalteten Quader gegenüberliegen.

b) Zeichne bei den Würfelnetzen
die Würfelaugen richtig ein.

Denke daran: oben + unten,
vorne + hinten, ... ist immer 7!

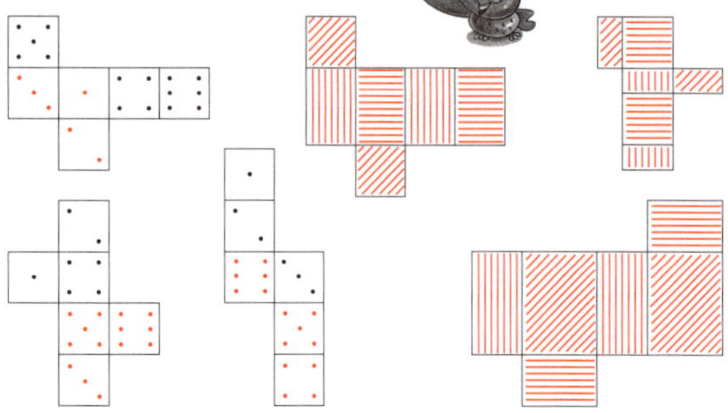

② Ergänze zu vollständigen Quadernetzen.

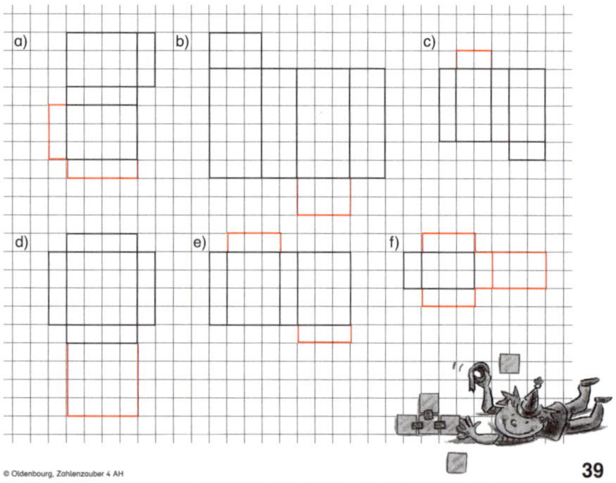

a)   b)   c)

d)   e)   f)

Milliliter und Liter

① In jeder Zeile genau 1 Liter

	500 ml	100 ml	750 ml	200 ml	250 ml
1 l	1	1	0	2	0
1 l	0	0	1	0	1
1 l	0	3	0	1	2
1 l	1	3	0	1	0
1 l	0	4	0	3	0
1 l	0	5	0	0	2

② Ergänze auf 1 Liter. Es gibt mehrere Lösungen. z. B.

100 ml 200 ml 250 ml 300 ml 150 ml
280 ml 100 ml 250 ml 120 ml 250 ml
125 ml 500 ml 250 ml 125 ml
200 ml 230 ml 200 ml 370 ml

③

	Liter		Milliliter		
	Z	E	H	Z	E
1,7 l =	1	7	0	0	
0,33 l =	0	3	3	0	
5,25 l =	5	2	5	0	
0,5 l =	0	5	0	0	
2,3 l =	2	3	0	0	

	Liter		Milliliter		
	Z	E	H	Z	E
1,125 l =	1	1	2	5	
2,25 l =	2	2	5	0	
0,25 l =	0	0	2	5	0
11,5 l =	1	1	5	0	0
0,05 l =	0	0	0	5	0

④ Eine Wassergeschichte

Familie Mader besitzt einen Wassersprudelautomaten und 4 Flaschen.
Jede Flasche fasst genau 1 Liter. Für wie viele Trinkgläser (je 250 ml)
reicht das Wasser, wenn alle 4 Flaschen gefüllt sind?

1 Flasche: 4 Gläser
4 Flaschen: $4 \cdot 4 = 16$

A: Das Wasser reicht für 16 Trinkgläser.

Trinken ist wichtig!

① Zeichne ein: 1 l, $\frac{1}{2}$ l, $\frac{1}{4}$ l, $\frac{1}{8}$ l. Rechne in Milliliter um.

1 l = 1000 ml $\frac{1}{2}$ l = 500 ml $\frac{1}{4}$ l = 250 ml $\frac{1}{8}$ l = 125 ml

② Wie viel fehlt zum Liter?

$\frac{1}{2}$ l + $\frac{1}{2}$ l = 1l $\frac{1}{4}$ l + $\frac{1}{4}$ l + $\frac{1}{2}$ l = 1l $\frac{1}{8}$ l + $\frac{1}{8}$ l + $\frac{1}{4}$ l + $\frac{1}{2}$ l = 1l $\frac{1}{4}$ l + $\frac{1}{4}$ l + $\frac{1}{4}$ l + $\frac{1}{4}$ l = 1l

③ Verbinde die Bilder mit den Angaben. Ergänze.

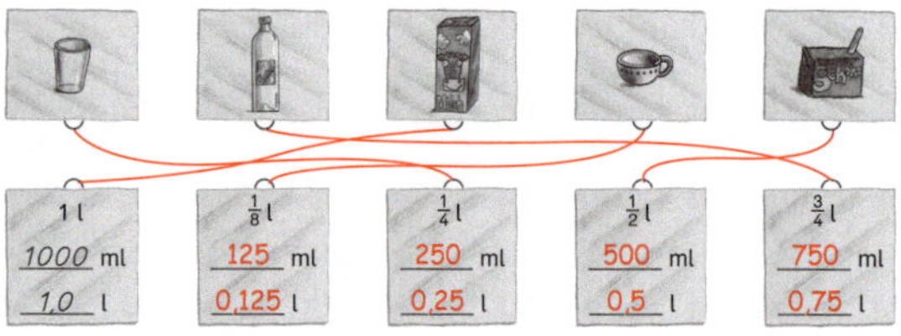

1 l	$\frac{1}{8}$ l	$\frac{1}{4}$ l	$\frac{1}{2}$ l	$\frac{3}{4}$ l
1000 ml	125 ml	250 ml	500 ml	750 ml
1,0 l	0,125 l	0,25 l	0,5 l	0,75 l

④ Vergleiche mit <, >, =.

a) 0,33 l > 300 ml   b) 1,5 l = $1\frac{1}{2}$ l   c) 250 ml < $\frac{1}{2}$ l
750 ml > 0,7 l $\frac{1}{8}$ l < 150 ml $\frac{1}{8}$ l < 225 ml
0,25 ml = 250 ml $\frac{1}{4}$ l > 200 ml   0,250 l = $\frac{1}{4}$ l

⑤ Eine etwas verrückte Wassergeschichte

Stell dir vor, du müsstest eine Badewanne (200 l) mithilfe
von $\frac{1}{4}$-l-Trinkgläsern füllen. Das Befüllen jedes Glases
dauert 15 s. Wie viel Zeit brauchst du insgesamt?

A: Du brauchst 200 Minuten = 3 h 20 min.

1 l = 4 Trinkgläser
1 min = $4 \cdot 15$ s
$200 \cdot 4 = 800$
$800 : 4 = 200$

① Eine Person verbraucht im Durchschnitt pro Tag 116 l Wasser.

Wie hoch ist der Wasserverbrauch einer 5-köpfigen Familie
an einem Tag (in einer Woche)?

1 Tag: 5 · 116 l = 580 l
1 Woche: 7 · 580 l = 4060 l

A: _An einem Tag_ beträgt der Wasserverbrauch 580 l.

In einer Woche brauchen sie 4060 l.

② Ein Toiletten-Spülgang verbraucht 7 l Wasser. Für einmal Hände waschen
rechnet man 2 l Wasser.

Wie viel Wasser verbraucht eine 5-köpfige Familie täglich (wöchentlich)
auf der Toilette, wenn jede Person diese 5-mal pro Tag benutzt?

7 l + 2 l = 9 l
9 l · 5 · 5 = 225 l   (1 Tag)
225 l · 7 = 1575 l   (1 Woche)

A: _Täglich verbraucht_ die Familie 225 l.

Wöchentlich verbraucht sie 1575 l.

☆ ③ Julian und seine Eltern baden einmal pro Woche. Die Erwachsenen benötigen dafür
jeweils 150 l Wasser, für Julian reichen 100 l. An den anderen Tagen duschen sie.
Dabei verbraucht Julian 60 l Wasser, seine Eltern je 90 l pro Tag.

Wie viel Wasser verbraucht die Familie für Baden und Duschen pro Woche?

Baden: 2 · 150 l = 300 l
       1 · 100 l = + 100 l
                   400 l   400 l
                               + 1440 l
Duschen: 2 · 90 l · 6 = 1080 l   1840 l
         60 l · 6 = + 360 l
                    1440 l

A: Die Familie verbraucht pro Woche 1840 l.

① Multipliziere schriftlich.

527 · 8	673 · 4	589 · 2	761 · 7	4926 · 5
4216	2692	1178	5327	24630

② Zwei Ergebnisse sind falsch. Streiche die falschen Ergebnisse durch und berichtige dann.

a) 9405 · 3   b) 6040 · 5   c) 5076 · 6   d) 8004 · 9
   28215   ~~3200~~   30456   ~~7236~~
                     30200   72036

9000 · 3 = 27000   6000 · 5 = 30000
5000 · 6 = 30000   8000 · 9 = 72000

③ Überschlagsrechnungen finden

a) 327 · 4   b) 611 · 8   c) 727 · 9   d) 889 · 7
   Ü: 300 · 4 = 1200   Ü: 600 · 8 = 4800   Ü: 700 · 9 = 6300   Ü: 900 · 7 = 6300

e) 497 · 4   f) 576 · 7   g) 329 · 6   h) 519 · 3
   Ü: 500 · 4 = 2000   Ü: 600 · 7 = 4200   Ü: 300 · 6 = 1800   Ü: 500 · 3 = 1500

④ Überschlage und ordne die Aufgaben ein. Rechne dann nach.

a) 573 · 6   b) 724 · 4   c) 394 · 8   d) 693 · 3   e) 476 · 9   f) 617 · 7

Ergebnis kleiner als 3000	Ergebnis zwischen 3000 und 4000	Ergebnis größer als 4000
724 · 4	573 · 6	476 · 9
693 · 3	394 · 8	617 · 7

a) 573 · 6   b) 724 · 4   c) 394 · 8
   3438   2896   3152
d) 693 · 3   e) 476 · 9   f) 617 · 7
   2079   4284   4319

① Multipliziere schriftlich.

117 · 50	486 · 200	1584 · 400	3003 · 30
5850	97200	633600	90090

103 · 90	807 · 600	2172 · 300
9270	484200	651600

Alle Ergebnisse haben die Quersumme 18.

② Achte auf die Nullen.

a) 806 · 400   767 · 200   707 · 600
   322400   153400   424200

Die Ergebnisse in jeder Reihe ergeben zusammen 900000.

b) 509 · 700   362 · 500   403 · 900
   356300   181000   362700

Ergebniskontrolle:

③ Ü: 4000 · 50 = 200000   7000 · 600 = 4200000   10000 · 70 = 700000

3904 · 50	7050 · 600	12105 · 70
195200	4230000	847350

④ Ergänze fehlende Ziffern.

6543 · 7   5847 · 6   3714 · 3   9812 · 9
45801   35082   11142   88308

① Wie spät ist es an den verschiedenen Orten?
Ergänze die Uhren und trage die Uhrzeiten ein:

Frankfurt MEZ	London, England	Miami, USA	Los Angeles, USA	Tokio, Japan
14.00 Uhr	13.00 Uhr	8.00 Uhr	5.00 Uhr	22.00 Uhr
Zeitunterschied zur MEZ	− 1 h	− 6 h	− 9 h	+ 8 h

Peking, China	Ankara, Türkei	Caracas, Venezuela	Mexico-Stadt	Anchorage, USA
20.00 Uhr	15.00 Uhr	9.00 Uhr	7.00 Uhr	3.00 Uhr
+ 6 h	+ 1 h	− 5 h	− 7 h	− 11 h

② Michael hat eine Cousine in Denver (USA). Er möchte mit ihr telefonieren.
Seine Uhr zeigt 16.45 Uhr.
Wie spät ist es gerade in Denver, wenn der Zeitunterschied − 8 h beträgt?

A: In Denver ist es gerade 8.45 Uhr.

③ Der Vater von Johannes befindet sich auf einer Dienstreise in Japan.
In Deutschland ist es gerade 6.50 Uhr und Johannes sitzt beim Frühstück.
Er überlegt, wie spät es jetzt wohl in Japan ist.
Der Zeitunterschied beträgt + 8 h.

A: In Japan ist es jetzt 14.50 Uhr.

④ Eine Weltraumrakete startet in Cape Canaveral (USA) um 16.30 Uhr Ortszeit.
Bei uns ist es 6 Stunden später. Welche Uhrzeit haben wir in Deutschland?

A: In Deutschland ist es 22.30 Uhr.

⑤ Die Fußballweltmeisterschaft 2014 findet in Brasilien statt.
Die Zeitverschiebung zu unserer Sommerzeit beträgt − 5 h.
Zu welcher Zeit können wir die Fußballspiele im Fernsehen live anschauen,
die um 13.30 Uhr, 16.00 Uhr und um 20.30 Uhr in Brasilien beginnen?

Bei euch ist es 5 Stunden später.

A: Wir können die Fußballspiele um 18.30 Uhr, um 21.00 Uhr
und um 1.30 Uhr live anschauen.

① Lies jeweils den Text, löse die Aufgaben und ergänze die Skizzen.

a)

Abflug MEZ	Reisedauer	Ankunft MEZ
8.25 Uhr	+11h 25min	19.50 Uhr

Zeitunterschied: – 6 h

Washington — Ankunft Ortszeit: 13.50 Uhr

Ein Flugzeug startet um 8.25 Uhr in Frankfurt. Die Flugzeit nach Washington (USA) beträgt 11 Stunden 25 Minuten. Wann kommt es in Washington bei einem Zeitunterschied von – 6 h an?

um 13.50 Uhr

b)

Abflug MEZ	Reisedauer	Ankunft MEZ
9.45 Uhr	+8h 25min	18.10 Uhr

Zeitunterschied: – 6 h

New York — Ankunft Ortszeit: 12.10 Uhr

Ein Flugzeug startet um 9.45 Uhr in München. Die Flugzeit nach New York beträgt 8 Stunden 25 Minuten. Wann landet es in New York bei einem Zeitunterschied von – 6 h?

um 12.10 Uhr

c)

Abflug MEZ	Reisedauer	Ankunft MEZ
16.10 Uhr	+2h	18.10 Uhr

Zeitunterschied: – 1 h

London — Ankunft Ortszeit: 17.10 Uhr

Ein Flugzeug startet um 16.10 Uhr in Frankfurt. Die Flugzeit nach London beträgt 2 Stunden. Wann landet es dort bei einem Zeitunterschied von – 1 h?

um 17.10 Uhr

d)

Abflug MEZ	Reisedauer	Ankunft MEZ
9.35 Uhr	+3h 30 min	13.05 Uhr

Zeitunterschied: + 2 h

Moskau — Ankunft Ortszeit: 15.05 Uhr

Ein Flugzeug startet um 9.35 Uhr in Berlin. Die Flugzeit nach Moskau beträgt 3 h 30 Minuten. Wann landet er dort bei einem Zeitunterschied von + 2 h?

um 15.05 Uhr

---

① Multipliziere schriftlich.

$33 \cdot 17$
```
    3 3
+ 2 3 1
  5 6 1
```

$69 \cdot 24$
```
  1 3 8
+ 2 7 6
1 6 5 6
```

$526 \cdot 81$
```
  4 2 0 8
+   5 2 6
4 2 6 0 6
```

$369 \cdot 74$
```
  2 5 8 3
+ 1 4 7 6
2 7 3 0 6
```

② a) Wo stecken die Fehler? Verbinde mit dem passenden Fehlerteufelchen.

$418 \cdot 76$
```
  2 9 2 6 0
+ 2 5 0 2
  3 1 7 6 2
```

$372 \cdot 15$
```
  3 7 2 0
+ 1 8 6 0
  4 5 8 0
```

$921 \cdot 32$
```
  2 7 6 3
+ 1 8 4 2
  4 6 0 5
```

$754 \cdot 98$
```
  6 3 5 6 0
+ 5 6 0 2
  6 9 1 6 2
```

Einmaleins-Fehler　Nicht auf die Stellen geachtet　Gemerktzahlen vergessen

b) Rechne richtig.

$418 \cdot 76$
```
  2 9 2 6
+ 2 5 0 8
  3 1 7 6 8
```

$372 \cdot 15$
```
    3 7 2
+ 1 8 6 0
  5 5 8 0
```

$921 \cdot 32$
```
  2 7 6 3
+ 1 8 4 2
  2 9 4 7 2
```

$754 \cdot 98$
```
  6 7 8 6
+ 6 0 3 2
  7 3 8 9 2
```

③ Welche Zahlen fehlen?

Hier wurde immer zuerst mit dem Zehner multipliziert.

$5\,21 \cdot 36$
```
  1 5 6 3 0
+ 3 1 2 6
1 8 7 5 6
```

$9\,48 \cdot 27$
```
  1 8 9 6 0
+ 6 6 3 6
2 5 5 9 6
```

$6\,04 \cdot 99$
```
  5 4 3 6 0
+ 5 4 3 6
5 9 7 9 6
```

$7\,43 \cdot 65$
```
  4 4 5 8 0
+ 3 7 1 5
4 8 2 9 5
```

④ Aufgabenpaare! Schaffst du die zweite Aufgabe jeweils im Kopf?

a)
$650 \cdot 14$
```
    6 5 0
+ 2 6 0 0
  9 1 0 0
```

$325 \cdot 28$
= 9 1 0 0

b)
$842 \cdot 23$
```
  1 6 8 4
+ 2 5 2 6
1 9 3 6 6
```

$421 \cdot 46$
= 1 9 3 6 6

Zwei Aufgaben kann ich mir sparen.

① Rechne nur die Aufgaben, deren Ergebnis zwischen 4000 und 5000 liegt.

$59 \cdot 74$
```
    4 1 3
+   2 3 6
  4 3 6 6
```

$22 \cdot 24$

$45 \cdot 95$
```
    4 0 5
+   2 2 5
  4 2 7 5
```

$63 \cdot 78$
```
    4 4 1
+   5 0 4
  4 9 1 4
```

$86 \cdot 44$

② Wie heißt das Lösungswort?　S U P E R!

$705 \cdot 26$
```
  1 4 1 0
+ 4 2 3 0
1 8 3 3 0
```

$327 \cdot 89$
```
  2 6 1 6
+ 2 9 4 3
2 9 1 0 3
```

$801 \cdot 73$
```
  5 6 0 7
+ 2 4 0 3
5 8 4 7 3
```

$628 \cdot 44$
```
  2 5 1 2
+ 2 5 1 2
2 7 6 3 2
```

17 763	18 330	24 700	27 632	29 103	36 704	43 721	58 473
B	S	R	E	U	Z	A	P

③ Schöne Ergebnisse

$481 \cdot 21$
```
    9 6 2
+   4 8 1
1 0 1 0 1
```

$962 \cdot 42$
```
  3 8 4 8
+ 1 9 2 4
4 0 4 0 4
```

$555 \cdot 91$
```
  4 9 9 5
+   5 5 5
5 0 5 0 5
```

$1554 \cdot 39$
```
  4 6 6 2
+ 1 3 9 8 6
6 0 6 0 6
```

④ Welche Nachbarzahlen ergeben genau das angegebene Ergebnis, wenn man sie multipliziert?

Schau dir die Einerstelle an! Auch der Überschlag hilft dir.

21	22		33	34		45	46		81	82
462			1 122			2 070			6 642	

$21 \cdot 22$
```
    4 2
+   4 2
  4 6 2
```

$33 \cdot 34$
```
    9 9
+ 1 3 2
1 1 2 2
```

$45 \cdot 46$
```
  1 8 0
+ 2 7 0
2 0 7 0
```

$81 \cdot 82$
```
  6 4 8
+ 1 6 2
6 6 4 2
```

---

① Frau Schaudig kauft ein. Wie viel muss sie bezahlen?

Einkauf	Einzelpreis	Menge	Gesamtpreis
2 Ananas	1,29 €	2	2,58 €
5 Kiwis	0,35 €	5	1,75 €
Trauben	1,99 €	1	1,99 €
3 Salate	0,59 €	3	1,77 €
		Summe:	8,09 €

A: Sie muss 8,09 € bezahlen.

② Melanie und Petra holen sich 1 kg Mandarinen und 4 Kiwis. Sie bezahlen mit einem 5-Euro-Schein. Wie viel Geld bleibt übrig?

$4 \cdot 0,35 € = 1,40 €$

$1,78 € + 1,40 € = 3,18 €$

$5 € - 3,18 € = 1,82 €$

A: Es bleiben 1,82 € übrig.

③

Preise:
Krapfen 0,99 €
Brötchen 0,33 €
Kirschtörtchen 1,45 €

Angebote für 2 €:
• 3 Krapfen
• 10 Brötchen
• 2 Kirschtörtchen

5 Brötchen	$33\,ct \cdot 5 = 165\,ct = 1,65 €$
20 Brötchen	4 €
7 Krapfen	4 € + 0,99 € = 4,99 €
11 Krapfen	6 € + 1,98 € = 7,98 €
3 Kirschtörtchen	2 € + 1,45 € = 3,45 €
4 Kirschtörtchen	4 €

① Die vierten Klassen der Erich-Kästner-Schule besorgen für das Klassenfest:

kg 1,69 € · stück 1,29 € · 250 g 1,19 € · stück 0,55 € · 500 g Becher 0,79 € · kg 1,79 €

Einkauf	Einzelpreis	Gesamtpreis
3 Becher Quark	0,79 €	2,37 €
50 Brezeln	0,55 €	27,50 €
2 kg Weintrauben	1,79 €	3,58 €
3 kg Bananen	1,69 €	5,07 €
2 Honigmelonen	1,29 €	2,58 €
2 Päckchen Butter	1,19 €	2,38 €
	Summe:	43,48 €

② An Speisen werden verkauft:
50 Butterbrezeln, 22 Obstspieße, 25 Becher Früchtequark.

Butterbrezel 0,55 € · Obstspieß 0,50 € · Früchte-quark 0,50 €

a) Wie viel wurde eingenommen?

Zusammen:
Brezeln 47,50 €
Spieße   11,00 €
Quark   12,50 €
Summe   71,00 €

b) Wie viel Geld bleibt am Ende für die Klassenkassen übrig?

Einnahme: 71,00 €
Ausgabe: − 43,48 €
Gewinn für die Klassenkassen: 27,52 €

① Zeichne zu den Geraden je 2 senkrechte Geraden (blau) und 2 parallele Geraden (grün). Markiere die rechten Winkel.

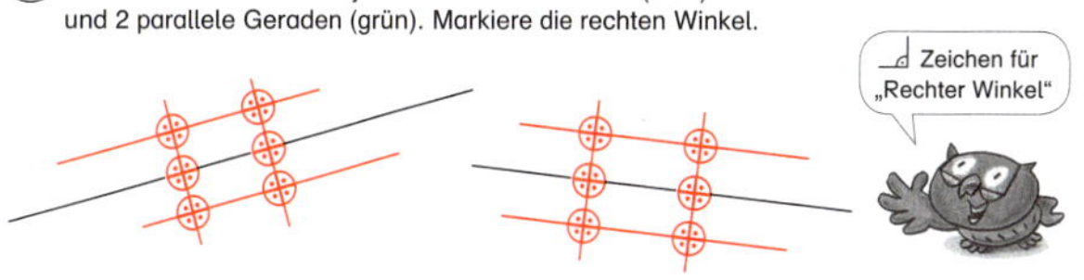

⌐ Zeichen für „Rechter Winkel"

② Zeichne um jeden Punkt einen Kreis mit 1,2 cm Radius. Male das fertige Bild aus.

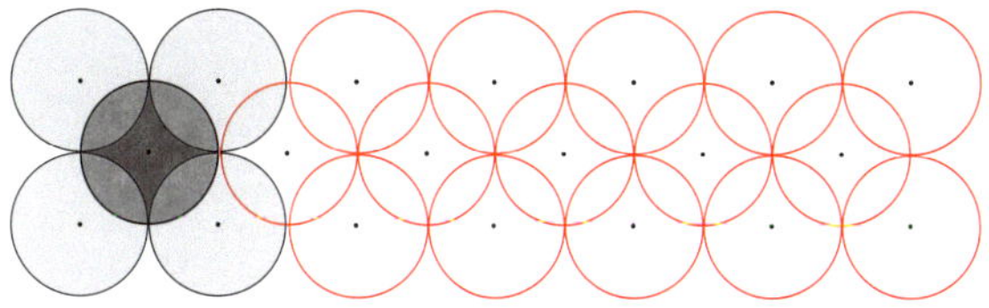

③ Ergänze die Strecken zu Quadraten. Male die Flächen farbig aus.

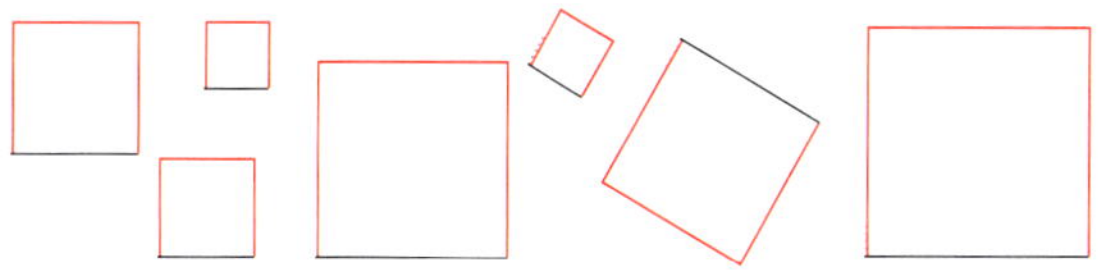

☆ ④ Zeichne Quadrate mit 4 cm Seitenlänge. Zeichne dann die Punkte und die Kreise ein. Male die Figuren farbig an.

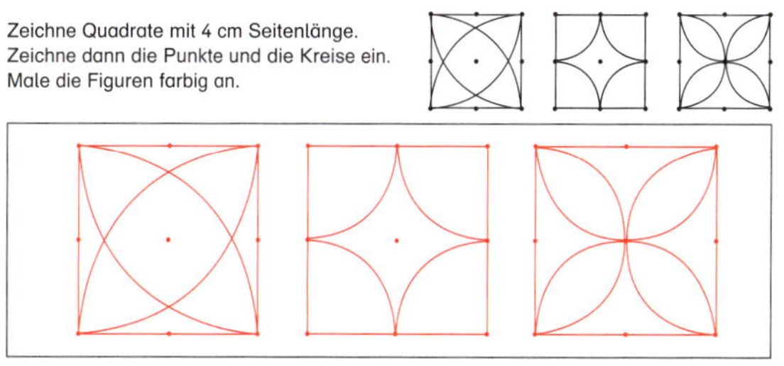

① Kreuze alle Quadernetze an.

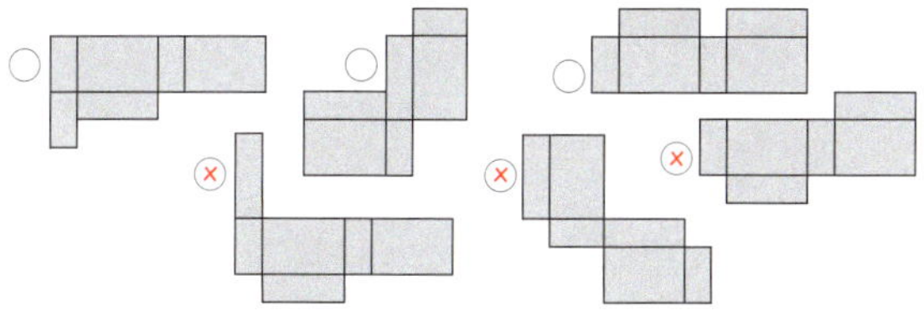

② Ergänze die fehlenden Teile, sodass jeweils ein Quadernetz entsteht. Färbe die Flächen, die sich gegenüber liegen, mit der gleichen Farbe.

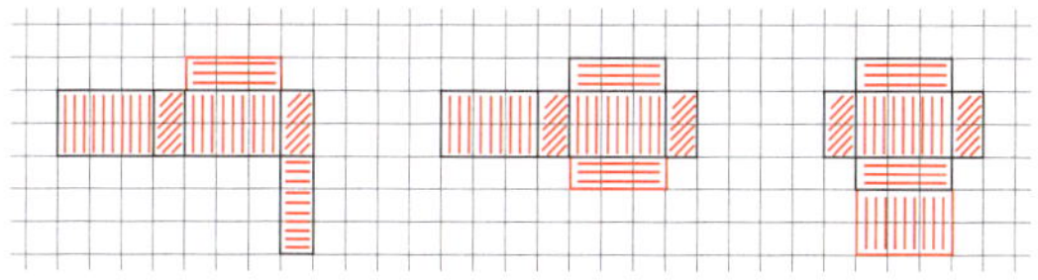

③ Immer zwei Becher ergeben einen Liter. Schreibe auf.

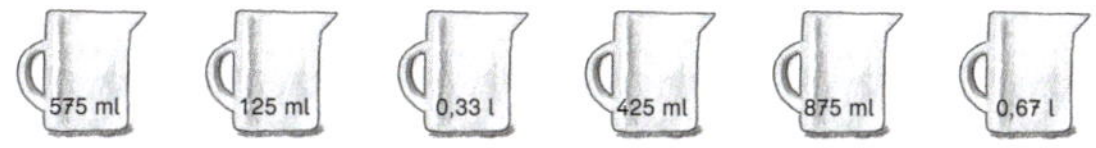

575 ml · 125 ml · 0,33 l · 425 ml · 875 ml · 0,67 l

575 ml + 425 ml = 1 l   125 ml + 875 ml = 1 l   0,33 l + 0,67 l = 1 l

④ Rechne um.

125 ml = 0,125 l   0,375 l = 375 ml
250 ml = 0,25 l   0,950 l = 950 ml
1000 ml = 1 l   0,5 l = 500 ml
1250 ml = 1,25 l $\frac{1}{2}$ l = 500 ml

⑤ Vergleiche mit <, >, =.

0,3 l $=$ 300 ml $\frac{1}{2}$ l $>$ 250 ml   0,2 l $>$ 20 ml
0,22 l $>$ 22 ml   200 ml $<$ $\frac{1}{4}$ l   125 ml $<$ $\frac{1}{2}$ l

① Immer 2 Aufgaben haben das gleiche Ergebnis. Umrahme mit der gleichen Farbe.

597 · 4 = 2388   15967 : 3 = 47901   1905 · 8 = 15240   756 · 6 = 4536   1298 · 9 = 11682
3048 · 5 = 15240   6843 : 7 = 47901   398 · 6 = 2388   5841 · 2 = 11682   504 · 9 = 4536

② Überschlagsrechnen

Welcher Überschlag kommt dem Ergebnis am nächsten? Kreuze an und rechne nach.

19 · 31
57
19
589

88 · 52
440
176
4576

487 · 25
974
2435
12175

543 · 48
2172
+ 4344
26064

○ 10 · 30   ○ 80 · 50   ○ 400 · 20   ○ 500 · 40
ⓧ 20 · 30   ⓧ 90 · 50   ⓧ 400 · 30   ⓧ 500 · 50
○ 10 · 40   ○ 80 · 60   ○ 500 · 30   ○ 600 · 40
○ 20 · 40   ○ 90 · 60   ○ 500 · 20   ○ 600 · 50

③ Zwei Ergebnisse sind falsch. Finde sie mithilfe des Überschlags. Rechne richtig.

a) 935 · 8 = 7480   b) 907 · 49 = 4444   c) 6001 · 55 = 33055
Ü: 900 · 8 = 7200   Ü: 900 · 50 = 45000   Ü: 6000 · 60 = 360000

907 · 49   6001 · 55
3628   30005
+ 8163   + 30005
44443   330055

Bist du fit? ③ – Teil 3

① Günstige Angebote? Vergleiche.

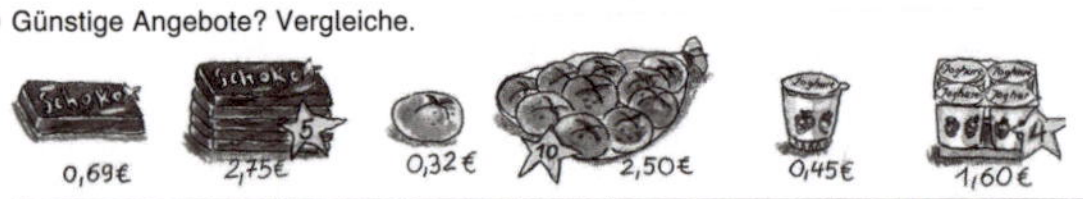
0,69€
2,75€
0,32€
2,50€
0,45€
1,60€

	Schokolade	Brötchen	Joghurt
Einzelpreis	0,69 €	0,32 €	0,45 €
Packungspreis	2,75 €	2,50 €	1,60 €
Preis für 1 Stück in der Packung	2,75 € : 5 = 0,55 €	0,25 €	0,40 €

250 : 10 = 25
275 : 5 = 55
160 : 4 = 40

② Sabine kauft günstig ein: 6 Tafeln Schokolade, 5 Joghurt und 12 Brötchen. Wie viel muss sie bezahlen?

Einkauf	Kosten
6 Tafeln Schokolade	3,44 €
5 Joghurt	2,05 €
12 Brötchen	3,14 €
Gesamtkosten	8,63 €

A: Sie muss 8,63 € bezahlen.

③ Berechne die Preise für Käse. Rechne und schreibe in die Preistabelle.

Gouda	
1 kg	10,00 €
500 g	5,00 €
250 g	2,50 €
100 g	1,00 €
200 g	2,00 €

Bergkäse	
100 g	2,40 €
1000 g	24,00 €
500 g	12,00 €
250 g	6,00 €
750 g	18,00 €

Emmentaler	
1 kg	16,00 €
500 g	8,00 €
250 g	4,00 €
100 g	1,60 €
200 g	3,20 €

④ Zeichne nach. Benutze Zirkel und Lineal.

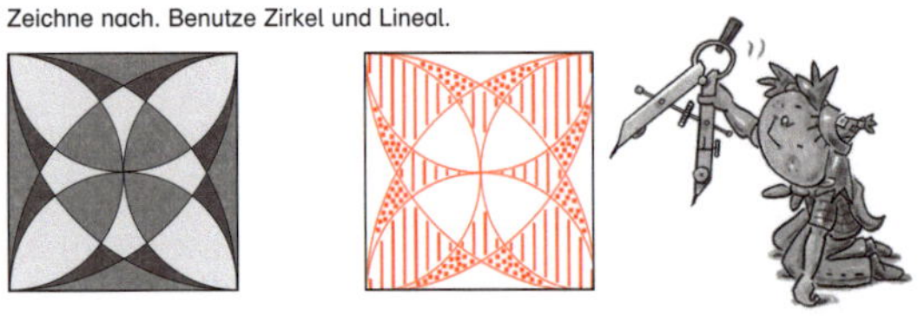

Schriftliches Dividieren und Fehlern auf der Spur

MB S. 84/85

① Dividiere schriftlich.

771 : 3 = 257
- 6
17
- 15
21
- 21
0

952 : 8 = 119
- 8
15
- 8
72
- 72
0

835 : 5 = 167
- 5
33
- 30
35
- 35
0

② Nummeriere in der richtigen Reihenfolge die Schritte, die du beim schriftlichen Dividieren brauchst.

1 Dividieren
3 Subtrahieren
4 Herunterholen der nächsten Stelle
2 Multiplizieren

③

7720 : 8 = 965
- 72
52
- 48
40
- 40
0

4488 : 6 = 748
- 42
28
- 24
48
- 48
0

2148 : 4 = 537
- 20
14
- 12
28
- 28
0

④ Wo liegt der Fehler? Markiere die „Fehlerstelle" farbig. Erkläre und rechne richtig.

10824 : 6 = 184
- 6
48
- 48
024
- 24
0

Die 0 wurde nicht berücksichtigt.

10824 : 6 = 1804
- 6
48
- 48
02
- 0
24
- 24
0

2058 : 7 = 2931
- 14
65
- 63
28
- 21
7
- 7
0

Der Rest ist durch 7 teilbar.

2058 : 7 = 294
- 14
65
- 63
28
- 28
0

Dividieren – Schriftlich oder im Kopf

MB S. 86

① Dividiere schriftlich und mache die Probe.

36574 : 6 = 6095 R4
- 36
05
- 0
57
- 54
34
- 30
4

P: 6095 · 6
36570
36570
+ 4
36574

12890 : 3 = 4296 R2
- 12
08
- 6
29
- 27
20
- 18
2

P: 4296 · 3
12888
12888
+ 2
12890

② Dividiere. Kannst du jeweils die zweite Aufgabe lösen, ohne schriftlich zu rechnen?

73487 : 7 = 10498 R1
- 7
03
- 0
34
- 28
68
- 63
57
- 56
1

73486 : 7 = 10498

49306 : 8 = 6163 R2
- 48
13
- 8
50
- 48
26
- 24
2

49308 : 8 = 6163 R4

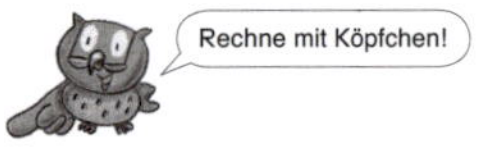
Rechne mit Köpfchen!

③ Wie weit schaffst du es im Kopf?

a)		b)		c)	
4000 : 4 =	1000	4000 : 8 =	500	4000 : 5 =	800
4800 : 4 =	1200	4800 : 8 =	600	4800 : 5 =	960
4840 : 4 =	1210	4840 : 8 =	605	4840 : 5 =	968
4848 : 4 =	1212	4848 : 8 =	606	4848 : 5 =	969 R3
4856 : 4 =	1214	4856 : 8 =	607	4856 : 5 =	971 R1

Rechne die restlichen Aufgaben schriftlich.

Dividieren durch kleine und große Zahlen

MB S. 86/87

① Immer 2 Aufgaben haben das gleiche Ergebnis. Umrahme mit der gleichen Farbe.

15176 : 8 = 1897
- 8
71
- 64
77
- 72
56
- 56
0

4665 : 5 = 933
- 45
16
- 15
15
- 15
0

5691 : 3 = 1897
- 3
26
- 24
29
- 27
21
- 21
0

27397 : 9 = 3044 R1
- 27
039
- 36
37
- 36
1

5598 : 6 = 933
- 54
19
- 18
18
- 18
0

6089 : 2 = 3044 R1
- 6
008
- 8
09
- 8
1

☆ ② Schätze zuerst die Anzahl der Stellen ab und verbinde die Aufgaben mit dem passenden Ergebnis. Wenn du dir nicht sicher bist, musst du auf einem Blatt rechnen.

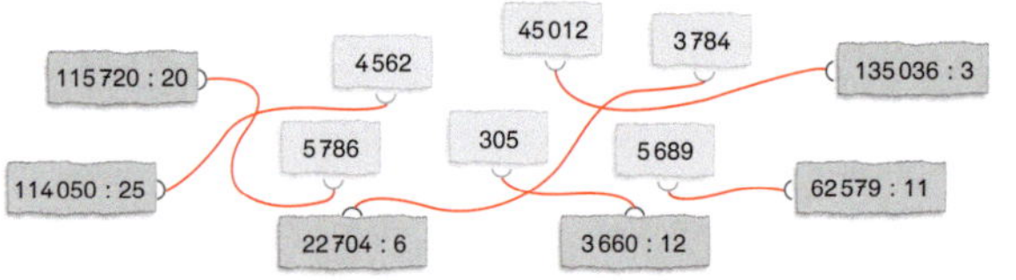
115720 : 20
4562
45012
3784
135036 : 3
114050 : 25
5786
305
5689
62579 : 11
22704 : 6
3660 : 12

③ Dividiere schriftlich.

12450 : 50 = 249
- 100
245
- 200
450
- 450
0

12400 : 25 = 496
- 100
240
- 225
150
- 150
0

7634 : 11 = 694
- 66
103
- 99
44
- 44
0

10164 : 12 = 847
- 96
56
- 48
84
- 84
0

Zahlenzauber 4 Arbeitsheft

① Dividiere schriftlich. Es kann auch ein Rest bleiben.

```
46308 : 12 = 3859 R/
-36
  103
-  96
    70
  - 60
   108
  -108
     0
```

```
54370 : 11 = 4942 R8
-44
 103
- 99
  47
- 44
   30
 - 22
    8
```

```
69423 : 20 = 3471 R3
-60
 94
-80
 142
-140
   23
 - 20
    3
```

```
93765 : 25 = 375 R15
-75
 187
-175
  126
 -125
   15
```

② Nummeriere in der richtigen Reihenfolge die Schritte, die du beim schriftlichen Dividieren brauchst.

③ Subtrahieren
④ Zwischenkontrolle
② Multiplizieren
① Dividieren
⑤ Herunterholen der nächsten Stelle

Vergleiche mit S. 55 Aufgabe ②.

③ a) Wie viele Stellen hat das Ergebnis? Male an.

Ergebnis mit 3 Stellen   Ergebnis mit 4 Stellen   Ergebnis mit 5 Stellen

```
103466 : 11    183612 : 12    11950 : 25    383204 : 4
75288 : 6      56960 : 20     265950 : 50   7008 : 12
```

b) Löse die Aufgaben mit dreistelligem Ergebnis.

```
11950 : 25 = 478
-100
  195
 -175
  200
  200
    0
```

```
7008 : 12 = 584
-60
 100
- 96
  48
 -48
   0
```

① a) Male an. ohne Rest Rest 1 Rest 2 Rest 3   893411 : 4

3424 : 4   71437 : 4   29028 : 4   56322 : 4

79007 : 4   944 : 4   12850 : 4   3437 : 4

Eine Zahl ist durch 4 teilbar, wenn die letzten beiden Stellen ...

b) Löse die Aufgaben, die ohne Rest durch 4 teilbar sind.

```
3424 : 4 = 856
-32
  22
 -20
   24
  -24
    0
```

```
29028 : 4 = 7257
-28
  10
 - 8
   22
  -20
    28
   -28
     0
```

```
944 : 4 = 236
- 8
  14
 -12
   24
  -24
    0
```

② Rechne nur Aufgaben, bei denen kein Rest entsteht.

7620 : 3   84028 : 3   973421 : 3
13694 : 3   13521 : 3   522 : 3

Eine Zahl ist durch 3 teilbar, wenn die Quersumme ...

```
7620 : 3 = 2540
- 6
  16
 -15
   12
  -12
    00
   - 0
     0
```

```
13521 : 3 = 4507
-12
  15
 -15
   02
  - 0
    21
   -21
     0
```

```
522 : 3 = 174
- 3
  22
 -21
   12
  -12
    0
```

☆ ③ Verändere die Zahlen an der Einerstelle so, dass sie durch 9 teilbar sind. Rechne.

1856 1854   24047 24048   831 837

```
1854 : 9 = 206
-18
  05
 - 0
   54
  -54
    0
```

```
24048 : 9 = 2672
-18
  60
 -54
   64
  -63
    18
   -18
     0
```

```
837 : 9 = 93
-81
  27
 -27
   0
```

① Tierbabys sind bei ihrer Geburt unterschiedlich schwer. Erstaunlich, wie schwer sie als ausgewachsene Tiere sind.

	Tierbaby	ausgewachsenes Tier
Pandabär	100 g	60 kg
Elefant	100 kg	6 t
Känguru	1 g	70 kg
Giraffe	60 kg	1 200 kg
Blauwal	3 t	150 t
Tiger	1 kg	300 kg

a) Ordne die Tiere nach ihrem Geburtsgewicht.

Känguru , Pandabär , Tiger , Giraffe , Elefant , Blauwal

b) Wie verändert sich die Reihenfolge, wenn die Tiere ausgewachsen sind? Ordne.

Pandabär , Känguru , Tiger , Giraffe , Elefant , Blauwal

c) Welche Tiere wiegen ausgewachsen mehr als 500 kg?

Elefant , Giraffe , Blauwal

d) Welche ausgewachsenen Tiere sind leichter als ein erwachsener Mensch (ca. 80 kg)?

Pandabär , Känguru

② Welche Aussagen stimmen für die ausgewachsenen Tiere? Kreuze an.

○ Ein Tiger ist schwerer als eine Giraffe.
⊗ 20 Pandabären sind etwa genauso schwer wie eine Giraffe.
⊗ Ein Blauwal ist etwa 25-mal schwerer als ein Elefant.
○ Ein Känguru ist leichter als ein Pandabär.
⊗ 2 Pandas und 2 Kängurus sind leichter als ein Tiger.
⊗ Der Blauwal ist schwerer als alle anderen Tiere zusammen.

③ Berechne den Nahrungsmittelverbrauch eines Zoo-Elefanten in 2 Tagen, in 10 Tagen und in 30 Tagen.

Tage	Heu	Mehl	Brot	Obst/Gemüse	Salz	Laub/Blätter
1	45 kg	3 kg	2 kg	12 kg	250 g	50 kg
2	90 kg	6 kg	4 kg	24 kg	500 g	100 kg
10	450 kg	30 kg	20 kg	120 kg	2500 g	500 kg
30	1350 kg	90 kg	60 kg	360 kg	7500 g	1500 kg

① Den Weltrekord im „Flug am Stück" halten die amerikanischen Waldsänger.
Von Kap Cod aus fliegen sie in Richtung Südost ab und lassen sich dabei von den Winden teilweise schieben. Bis zu den Bermudas benötigen sie etwa 18 Stunden, von den Bermudas bis Antigua brauchen sie etwa 48 Stunden. Cirka 14 Stunden dauert der Flug dann noch bis zur Nordküste Südamerikas (Tobago).

USA Kap Cod 18 h Bermudas 48 h Antigua 14 h Golf von Mexiko Mittelamerika Tobago Südamerika

a) Zeichne die Strecken in die Karte ein.

b) Wie viele Stunden Flug haben die Vögel hinter sich, wenn sie in Tobago ankommen?

c) Die Strecke, die die Vögel zurücklegen, beträgt etwa 3 600 km. Berechne die durchschnittliche Geschwindigkeit pro Stunde (km/h).

b) 18 + 48 + 14 = 80

```
c)  3600 : 80 = 45
   -320
    400
   -400
      0
```

A: b) Sie haben 80 h Flug hinter sich.

c) Die durchschnittliche Geschwindigkeit ist 45 km/h.

② Der Rubinkehlkolibri ist ebenfalls ein bemerkenswerter Flieger. Er legt die 2 000 km lange Strecke über den Golf von Mexiko ohne Zwischenstopp zurück. Der winzige Vogel schafft in einer Stunde 40 km. Wie viel Zeit braucht er für die Flugstrecke?

```
2000 : 40 = 50      50 h = 2 Tage + 2 h
-200
  00
```

A: Er braucht 2 Tage und 2 Stunden.

③ Auch der Mensch hat Langstreckenflieger entwickelt. Ein Großraumflugzeug legt in einer Sekunde 300 m zurück.

Wie viele Kilometer schafft das Flugzeug in einer Stunde?

1 h = 3 600 s

300 m · 3600 = 1 080 000 m = 1 080 km

A: Das Flugzeug schafft 1080 km in einer Stunde.

Zahlenzauber 4 Arbeitsheft
© 2011 Oldenbourg Schulbuchverlag GmbH

1 Jedes Bild steht für eine Ziffer.

a)

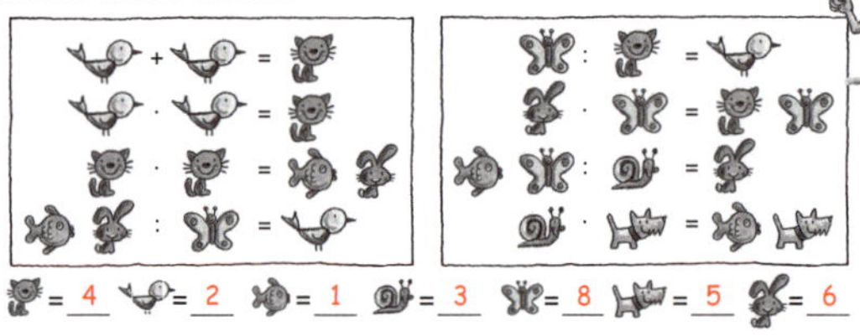

🐨 = _4_   🦋 = _2_   🐦 = _1_   🐱 = _3_   🐭 = _8_   🐟 = _5_   🐌 = _6_

b)

c)

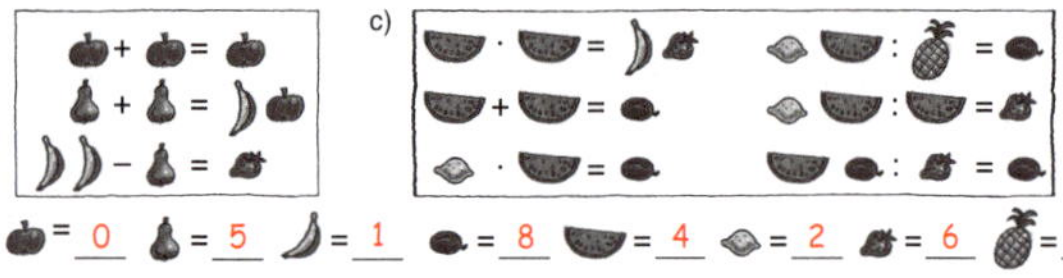

🍅 = _0_   🍐 = _5_   🍌 = _1_   🍉 = _8_   (melon) = _4_   (leaf) = _2_   (strawberry) = _6_   🍍 = _3_

2 Trage die fehlenden Zahlen und Rechenzeichen ein.

3 —(+5)→ _8_ —(·8)→ 64   4 —(·5)→ _20_ —(+5)→ _25_ —(·4)→ 100

9 —(−2)→ _7_ —(·5)→ 35   120 —(−30)→ _90_ —(:3)→ 30 —(−10)→ 20

3 Startnummern

Genau 100 Athleten nehmen am Marathonlauf teil.
Sie tragen die Startnummern 1–100.
Wie viele Starter tragen mindestens eine 9 in ihrer Startnummer? _19_

Achtung! Knifflig.

Startnummer: _9, 19, 29, 39, 49, 59, 69, 79, 89, 99, 90, 91, 92, 93, 94,_
_95, 96, 97, 98_

4 Eine kinderreiche Familie

Die Schmidts haben 6 Kinder. Karla kam vor Herbert, Stine kam vor Paul, Lilly kam nach Karla, Herbert vor Stine, Paul nach Karla, Lilly nach Herbert, Stine nach Karla, Paul vor Lilly, Lilly nach Stine. Paul kam nach Herbert und Stephan ist der Jüngste. Jetzt ist die Reihenfolge doch klar oder …?

Reihenfolge: _Karla, Herbert, Stine, Paul, Lilly, Stephan_

5 In jedem Kasten steht jede Figur jeweils für eine Ziffer. Findest du sie?

… und hier wird es superknifflig.

a)
```
    5 5 5
  + 5 5 0
  1 1 0 5
```

b)
```
  1 ⚠ ⚠ 5
  -   5 5 0
    4 ⚠ 5
```

c)
```
  6 ⚠ 6
  5 ⚠ 6
  1 5 5 ⚠
```

1

braune Jacke weiße Hose
rote Jacke blaue Hose
blaue Jacke braune Hose
schwarze Jacke graue Hose
rosa Jacke weiße Hose

Noah | Mama | Josua | Papa | Lea

Male die Jacken und die Hosen der Familie in der richtigen Farbe an.
Schreibe die Namen ins Kästchen.
Lies zuerst die Sätze und färbe, was eindeutig ist.

Noah hat eine blaue Hose an.
Josua steht nicht direkt an der Kasse.
Ein Nachbar von Mama trägt eine braune Hose.
Eine Person neben Mama trägt eine rote Jacke.
Die Person mit der braunen Hose steht neben einem Mann mit schwarzer Jacke.
Die Person neben Lea trägt eine graue Hose.
Lea steht am weitesten von der Kasse entfernt.
Papa steht zwischen dem Kind mit der rosa Jacke und dem Jungen
mit der blauen Jacke.
Eine Person hat eine braune Jacke.
Zwei Hosen sind weiß.

2 In einer Spielkiste sind 14 Bälle. Sie sind rosa, braun und weiß. Die Anzahl der braunen Bälle ist 6-mal so groß wie die Anzahl der weißen Bälle.
Wie viele rosa farbige Bälle sind in der Kiste?

weiß:	1
braun:	6
rosa:	7

A: Es sind _7_ rosa Bälle.

---

1 Aus wie vielen Würfeln besteht der Körper?
Wie viele Würfel fehlen zum Quader?

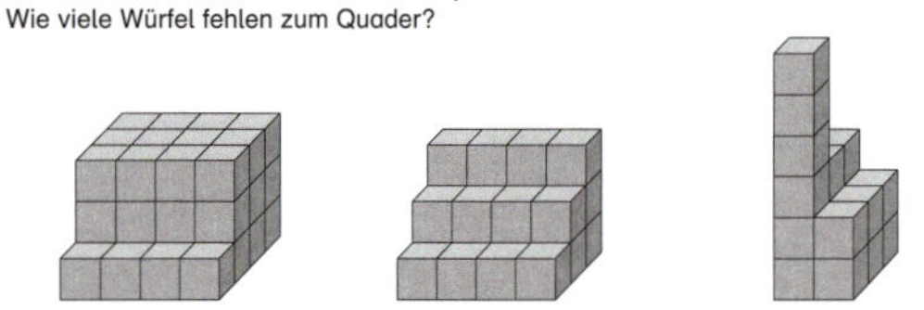

A Würfel: _40_   Es fehlen: _8_

B Würfel: _24_   Es fehlen: _12_

C Würfel: _18_   Es fehlen: _18_

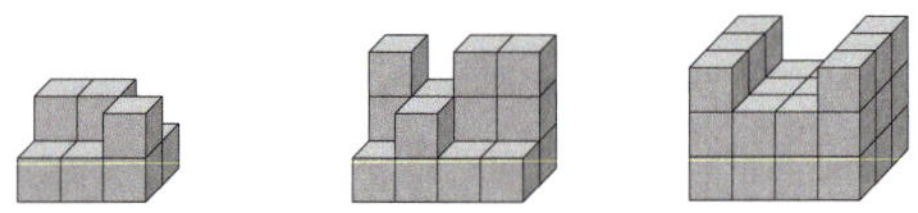

D Würfel: _9_   Es fehlen: _3_

E Würfel: _16_   Es fehlen: _8_

F Würfel: _30_   Es fehlen: _6_

2 Welcher Bauplan passt zu welchem Würfelgebäude aus Nr. **1**?

a) Trage die Buchstaben ein.

```
2 2 1     3 2 3 3     3 3 3 3     3 2
1 1 2     1 2 1 1     2 2 2 2     3 2
                      1 1 1 1     6 2
```
_D_   _E_   _B_   _C_

b) Zwei Baupläne fehlen. Zeichne sie.

```
3 3 3 3       3 2 2 3
3 3 3 3       3 2 2 3
3 3 3 3       3 2 2 3
1 1 1 1       3 2 2 3
```
_A_   _F_

---

1 Wie viele kleine Würfel sind in dem großen Würfel?
Wie viele Würfel fehlen?

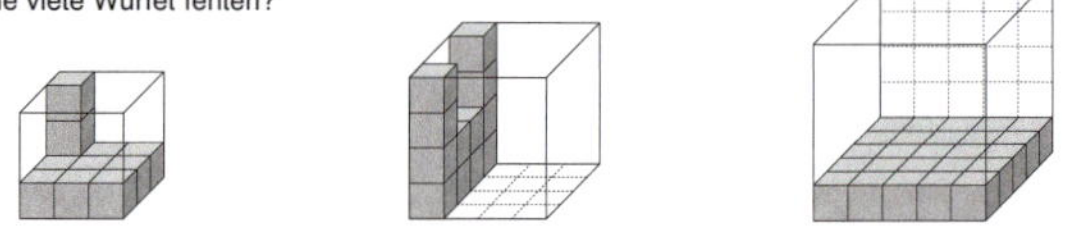

Würfel: _11_   Würfel: _12_   Würfel: _25_
Es fehlen: _16_   Es fehlen: _52_   Es fehlen: _100_

2 Würfelpuzzle: Hier sind acht Würfelteile. Zwei gehören jeweils zusammen.
Schreibe ihre Buchstaben auf.

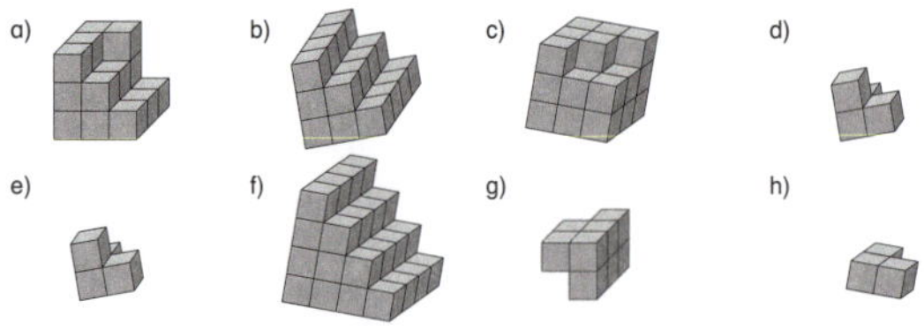

a)   b)   c)   d)

e)   f)   g)   h)

_a_ und _g_   _b_ und _f_   _c_ und _h_   _d_ und _e_

☆ 3 So entsteht eine Würfeltreppe

Diese Würfeltreppe soll in gleicher Bauweise erweitert werden.

a) Wie viele Würfel hat diese Treppe? _30_ Würfel
b) Es werden noch zwei Stufen dazugebaut.
   Wie viele Würfel benötigt man? _61_ Würfel
   Wie viele Würfel hat die Treppe dann insgesamt? _91_ Würfel
c) Wie viele Würfel hat die Treppe, wenn sie 7 oder gar
   8 Stufen hat?
   bei 7 Stufen _140_ Würfel   bei 8 Stufen _204_ Würfel

① Verbinde die Aufgabe mit dem passenden Überschlag.

378 · 21   459 · 23   44 · 26   48 · 29   44 · 15

500 · 20   400 · 20   40 · 20   40 · 30   50 · 30

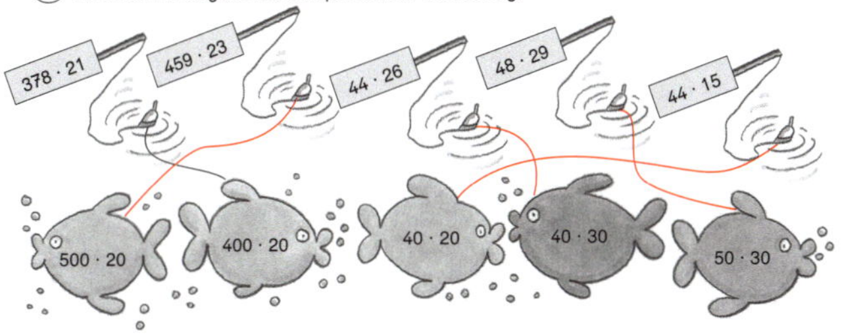

② Verbinde die Aufgabe mit dem passenden Überschlag. Rechne den Überschlag aus.

5600 : 8 = 700   6218 : 9   5200 : 7   4900 : 7 = 700
6300 : 9 = 700   5732 : 8   792 : 9   810 : 9 = 90

③ Überschlage und rechne.

708 · 29
Ü: 700 · 30 = 21000

```
7 0 8 · 2 9
  1 4 1 6
+ 6 3 7 2
2 0 5 3 2
```

681 · 47
Ü: 700 · 50 = 35000

```
6 8 1 · 4 7
  2 7 2 4
+ 4 7 6 7
3 2 0 0 7
```

262 · 38
Ü: 300 · 40 = 12000

```
2 6 2 · 3 8
  7 8 6
+ 2 0 9 6
  9 9 5 6
```

4968 : 8
Ü: 4800 : 8 = 600

```
4 9 6 8 : 8 = 6 2 1
-4 8
  1 6
- 1 6
    0 8
    - 8
      0
```

5523 : 7
Ü: 5600 : 7 = 800

```
5 5 2 3 : 7 = 7 8 9
-4 9
  6 2
- 5 6
    6 3
  - 6 3
      0
```

6792 : 12
Ü: 7200 : 12 = 600

```
6 7 9 2 : 1 2 = 5 6 6
- 6 0
    7 9
  - 7 2
      7 2
    - 7 2
        0
```

66   © Oldenbourg, Zahlenzauber 4 AH

---

① Welches Säckchen könnte zu welchem Versuchsergebnis passen? Verbinde.

| rot | blau | gelb | grün |

② In einem Säckchen sind 5 Würfel. Elias hat 60-mal gezogen. Welche Aussagen könnten stimmen? Kreuze an.

a)

rot	
blau	
gelb	
grün	

☒ Es ist wahrscheinlich kein grüner Würfel im Säckchen.
○ Es sind bestimmt mehr rote als blaue Würfel.
☒ Es könnten gleich viele blaue und gelbe Würfel sein.
☒ Ein wahrscheinliches Ergebnis ist ▨▢▢▢▢.

b)

rot	
blau	
gelb	
grün	

○ Es sind gleich viele blaue, gelbe und grüne Würfel im Säckchen.
☒ Es ist wahrscheinlich nur ein roter Würfel im Säckchen.
☒ Es sind sicher alle vier Farben drin.
☒ Das Ergebnis ▨▨▨▨▢ ist eher unwahrscheinlich.

© Oldenbourg, Zahlenzauber 4 AH   67

---

① Spiegle an jeder Symmetrieachse.

② Zeichne zu jeder Figur das Drehbild.

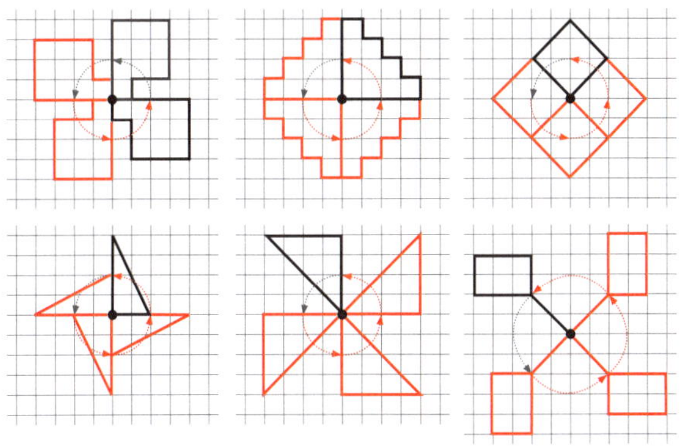

☆ ③ Färbe die Figur so, dass sie …

a) … drehsymmetrisch ist.   b) … achsensymmetrisch ist.

68   © Oldenbourg, Zahlenzauber 4 AH

---

① Dividiere und mache die Probe mit der Multiplikationsaufgabe.

a)
```
1 2 6 9 0 : 3 = 4 2 3 0
-1 2
    0 6          P:
  -  6       4 2 3 0 · 3
    0 9      1 2 6 9 0
  -  9
      0 0
```

b)
```
8 6 4 0 : 5 = 1 7 2 8
- 5
  3 6          P:
- 3 5       1 7 2 8 · 5
    1 4      8 6 4 0
  - 1 0
      4 0
    - 4 0
        0
```

c)
```
1 8 5 4 : 9 = 2 0 6
-1 8
    0 5          P:
  -  0       2 0 6 · 9
    5 4      1 8 5 4
  - 5 4
      0
```

d)
```
4 5 7 8 : 7 = 6 5 4
-4 2
    3 7          P:
  - 3 5      6 5 4 · 7
      2 8     4 5 7 8
    - 2 8
        0
```

e)
```
3 6 5 7 0 : 6 = 6 0 9 5
-3 6
    0 5          P:
  -  0       6 0 9 5 · 6
    5 7      3 6 5 7 0
  - 5 4
      3 0
    - 3 0
        0
```

f)
```
2 9 3 6 : 4 = 7 3 4
-2 8
    1 3          P:
  - 1 2      7 3 4 · 4
      1 6     2 9 3 6
    - 1 6
        0
```

② Zeichne zu jeder Figur das Drehbild.

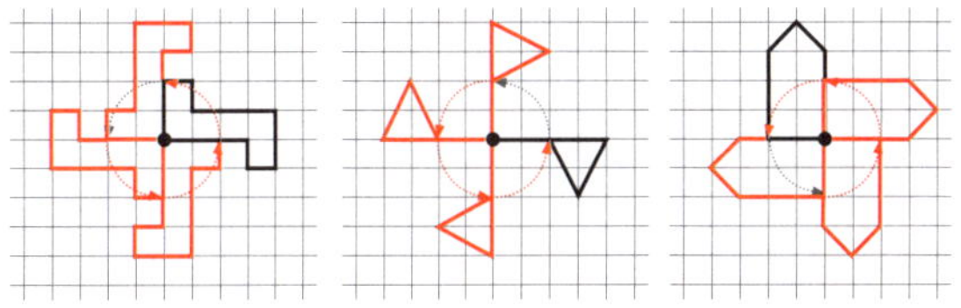

③ Setze das Muster fort.

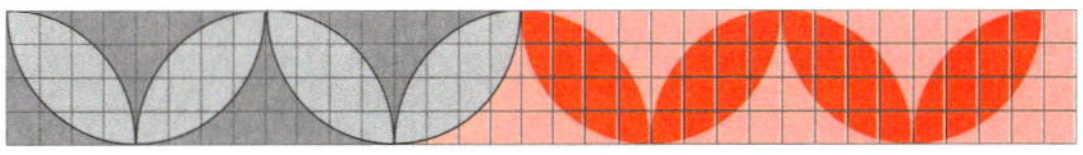

© Oldenbourg, Zahlenzauber 4 AH   69

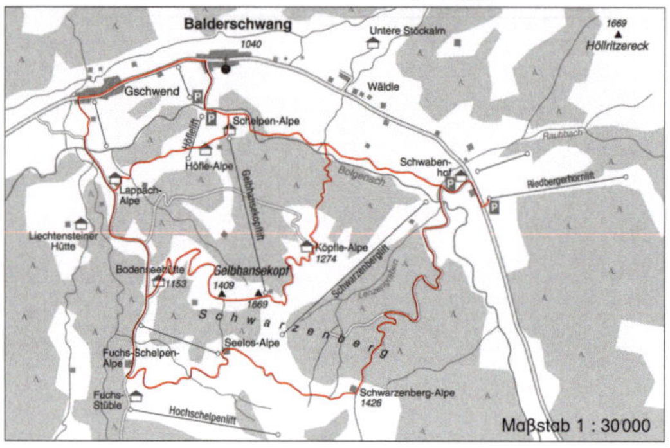

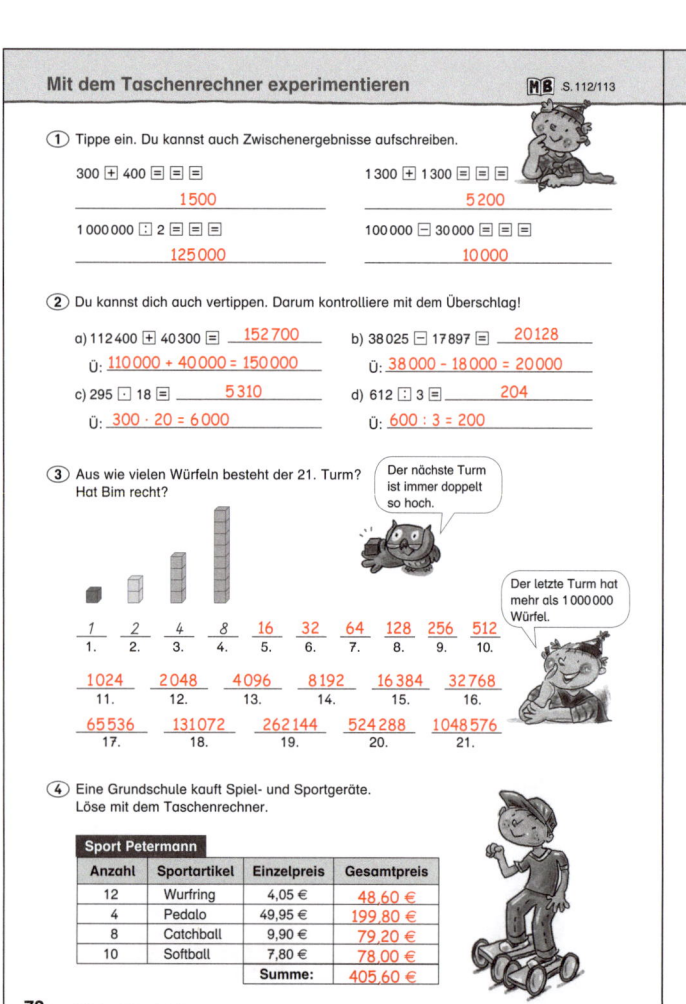

① Hier siehst du eine Wanderkarte von Balderschwang im Allgäu im Maßstab

1 : 30 000 . Das bedeutet: In Wirklichkeit ist alles **30 000** -mal

größer als auf der **Karte** . 1 mm auf der Karte sind **30 000** mm oder

30 m in Wirklichkeit.

② Miss auf der Karte ab, rechne um und ergänze die Tabelle.

Strecke	Karte	Vergrößerung	Wirklichkeit	
Hochschelpenlift	36 mm	· 30 000	1 080 000 mm	1080 m
Riedbergerhornlift	35 mm	· 30 000	1 050 000 mm	1050 m
Schwarzenberglift	48 mm	· 30 000	1 440 000 mm	1440 m
Höflelift	11 mm	· 30 000	330 000 mm	330 m

③ Zeichne folgende Wege auf der Karte farbig ein.

a) **rot:** Vom Parkplatz am Riedbergerhornlift zum Parkplatz am Höflelift,

b) **grün:** Balderschwang → Gschwend → Bodenseehütte → Fuchs-Schelpen-Alpe
→ Seelos-Alpe → Schwarzenberg-Alpe → Schwabenhof → Schelpen-Alpe
→ Balderschwang,

c) **gelb:** Balderschwang → Schelpen-Alpe → Köpfle-Alpe → Gelbhansekopf
→ Bodenseehütte → Lappach-Alpe → Höfle-Alpe → Balderschwang.

① Verschiebe diese Figuren immer weiter.

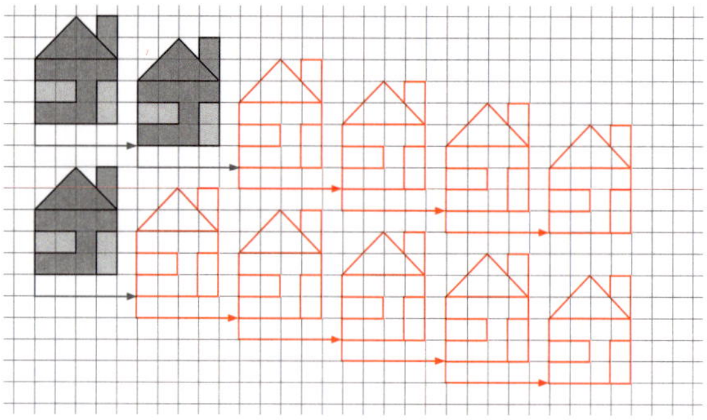

② Hier entsteht beim Verschieben ein Muster. Zeichne fertig.

a)

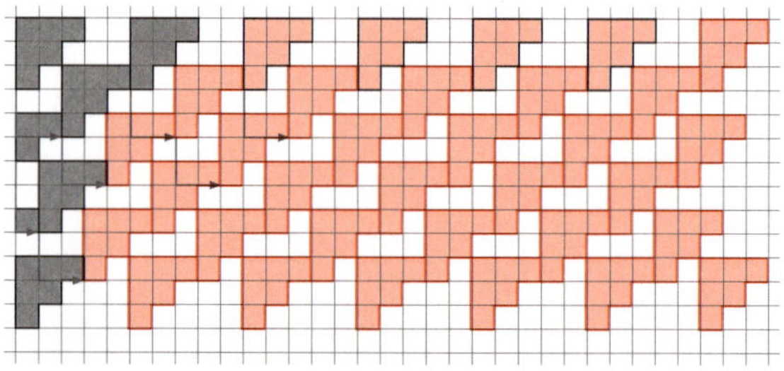

b)

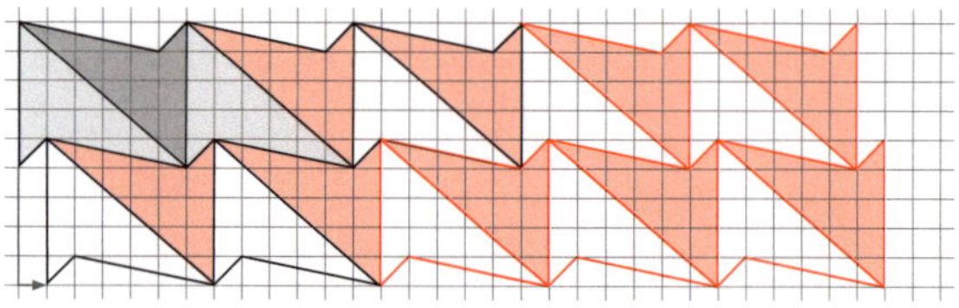

---

① Tippe ein. Du kannst auch Zwischenergebnisse aufschreiben.

300 + 400 = = =   1300 + 1300 = = = =
1500   **5 200**

1 000 000 : 2 = = =   100 000 − 30 000 = = =
125 000   **10 000**

② Du kannst dich auch vertippen. Darum kontrolliere mit dem Überschlag!

a) 112 400 + 40 300 = **152 700**
Ü: **110 000 + 40 000 = 150 000**

b) 38 025 − 17 897 = **20 128**
Ü: **38 000 − 18 000 = 20 000**

c) 295 · 18 = **5 310**
Ü: **300 · 20 = 6 000**

d) 612 : 3 = **204**
Ü: **600 : 3 = 200**

③ Aus wie vielen Würfeln besteht der 21. Turm? Hat Bim recht?

> Der nächste Turm ist immer doppelt so hoch.

> Der letzte Turm hat mehr als 1 000 000 Würfel.

1	2	4	8	16	32	64	128	256	512
1.	2.	3.	4.	5.	6.	7.	8.	9.	10.

1024	2048	4096	8192	16 384	32 768
11.	12.	13.	14.	15.	16.

65 536	131 072	262 144	524 288	1 048 576
17.	18.	19.	20.	21.

④ Eine Grundschule kauft Spiel- und Sportgeräte. Löse mit dem Taschenrechner.

Sport Petermann			
Anzahl	Sportartikel	Einzelpreis	Gesamtpreis
12	Wurfring	4,05 €	48,60 €
4	Pedalo	49,95 €	199,80 €
8	Catchball	9,90 €	79,20 €
10	Softball	7,80 €	78,00 €
		Summe:	405,60 €

---

① Stefan kommt auf dem Heimweg an einem Bauernhof vorbei. Dort leben Schweine und Hühner. Er zählt 30 Köpfe und 96 Beine. Setze die Tabelle fort und löse die Aufgabe.

> Aha, ich brauche mehr Beine, also …

Kühe		Hühner		Gesamtzahl	
Köpfe	Beine	Köpfe	Beine	Köpfe	Beine
10	40	20	40	30	80
15	60	15	30	30	90
17	68	13	26	30	94
18	72	12	24	30	96

② Auf der Koppel sind Pferde und Fliegen. Es sind 24 Köpfe und 120 Beine. Wie viele Pferde und Fliegen sind es?

Pferde		Fliegen		Gesamtzahl	
Köpfe	Beine	Köpfe	Beine	Köpfe	Beine
12	48	12	72	24	120

③ Auf dem Misthaufen krabbeln Käfer und Spinnen. Es sind 34 Köpfe und 224 Beine.

> Spinnen haben **8** Beine. Käfer haben **6** Beine.

Käfer		Spinnen		Gesamtzahl	
Köpfe	Beine	Köpfe	Beine	Köpfe	Beine
24	144	10	80	34	224

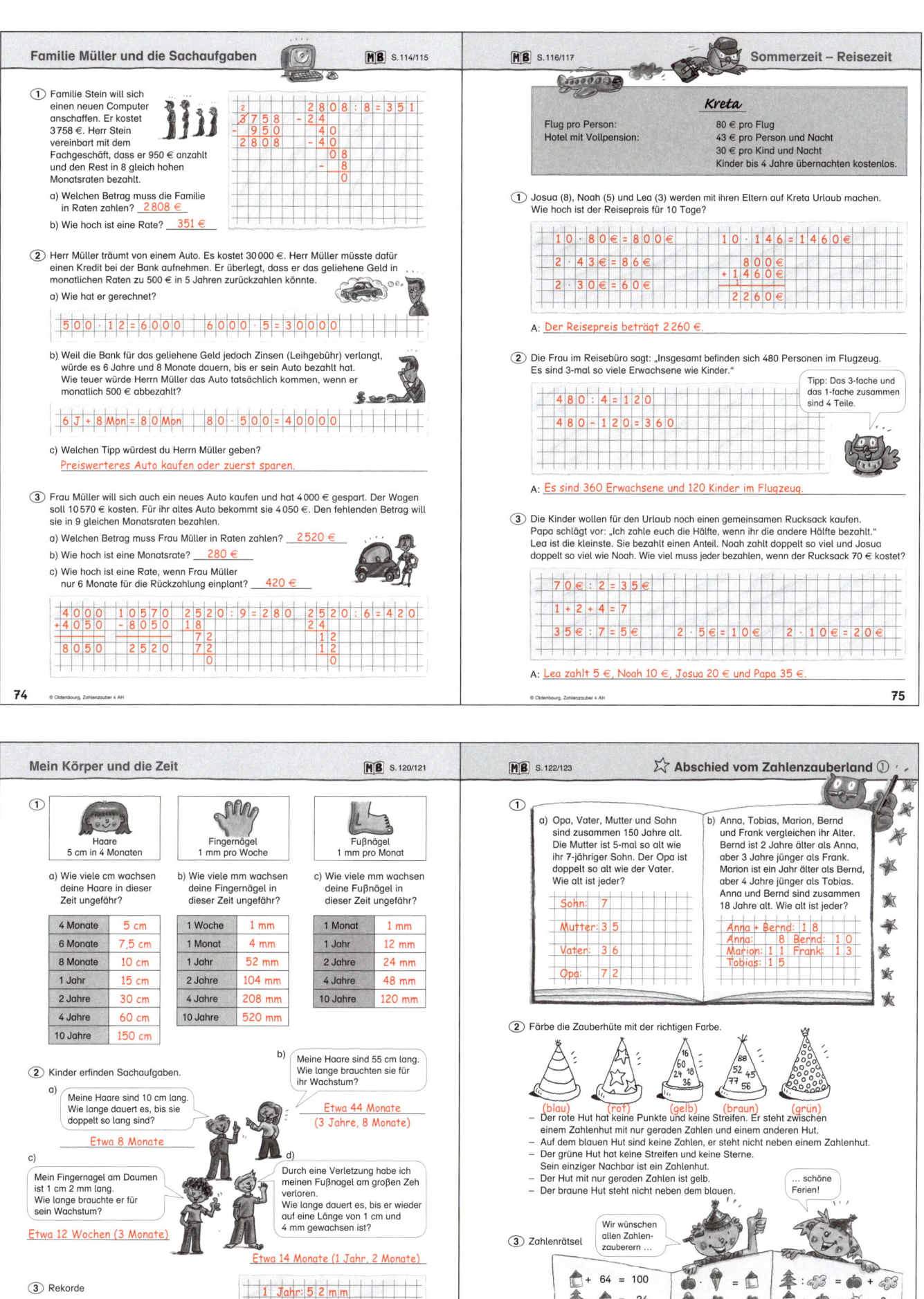

① Familie Stein will sich einen neuen Computer anschaffen. Er kostet 3 758 €. Herr Stein vereinbart mit dem Fachgeschäft, dass er 950 € anzahlt und den Rest in 8 gleich hohen Monatsraten bezahlt.

a) Welchen Betrag muss die Familie in Raten zahlen? __2 808 €__

b) Wie hoch ist eine Rate? __351 €__

```
        2808 : 8 = 351
 3758   - 24
-  950      40
 2808     - 40
             08
            - 8
              0
```

② Herr Müller träumt von einem Auto. Es kostet 30 000 €. Herr Müller müsste dafür einen Kredit bei der Bank aufnehmen. Er überlegt, dass er das geliehene Geld in monatlichen Raten zu 500 € in 5 Jahren zurückzahlen könnte.

a) Wie hat er gerechnet?

500 · 12 = 6000   6000 · 5 = 30000

b) Weil die Bank für das geliehene Geld jedoch Zinsen (Leihgebühr) verlangt, würde es 6 Jahre und 8 Monate dauern, bis er sein Auto bezahlt hat. Wie teuer würde Herrn Müller das Auto tatsächlich kommen, wenn er monatlich 500 € abzahlen?

6 J + 8 Mon = 80 Mon   80 · 500 = 40000

c) Welchen Tipp würdest du Herrn Müller geben?
__Preiswerteres Auto kaufen oder zuerst sparen.__

③ Frau Müller will sich auch ein neues Auto kaufen und hat 4 000 € gespart. Der Wagen soll 10 570 € kosten. Für ihr altes Auto bekommt sie 4 050 €. Den fehlenden Betrag will sie in 9 gleichen Monatsraten bezahlen.

a) Welchen Betrag muss Frau Müller in Raten zahlen? __2 520 €__

b) Wie hoch ist eine Monatsrate? __280 €__

c) Wie hoch ist eine Rate, wenn Frau Müller nur 6 Monate für die Rückzahlung einplant? __420 €__

```
 4000    10570   2520 : 9 = 280   2520 : 6 = 420
+4050   - 8050   18               24
 8050    2520     72              12
                  72              12
                   0               0
```

Kreta

Flug pro Person:	80 € pro Flug
Hotel mit Vollpension:	43 € pro Person und Nacht
	30 € pro Kind und Nacht
	Kinder bis 4 Jahre übernachten kostenlos.

① Josua (8), Noah (5) und Lea (3) werden mit ihren Eltern auf Kreta Urlaub machen. Wie hoch ist der Reisepreis für 10 Tage?

```
10 · 80€ = 800€      10 · 146 = 1460€
2 · 43€ = 86€               800€
2 · 30€ = 60€            + 1460€
                          2260€
```

A: __Der Reisepreis beträgt 2 260 €.__

② Die Frau im Reisebüro sagt: „Insgesamt befinden sich 480 Personen im Flugzeug. Es sind 3-mal so viele Erwachsene wie Kinder."

Tipp: Das 3-fache und das 1-fache zusammen sind 4 Teile.

```
480 : 4 = 120
480 - 120 = 360
```

A: __Es sind 360 Erwachsene und 120 Kinder im Flugzeug.__

③ Die Kinder wollen für den Urlaub noch einen gemeinsamen Rucksack kaufen. Papa schlägt vor: „Ich zahle euch die Hälfte, wenn ihr die andere Hälfte bezahlt." Lea ist die kleinste. Sie bezahlt einen Anteil. Noah zahlt doppelt so viel und Josua doppelt so viel wie Noah. Wie viel muss jeder bezahlen, wenn der Rucksack 70 € kostet?

```
70€ : 2 = 35€
1 + 2 + 4 = 7
35€ : 7 = 5€     2 · 5€ = 10€    2 · 10€ = 20€
```

A: __Lea zahlt 5 €, Noah 10 €, Josua 20 € und Papa 35 €.__

①

Haare 5 cm in 4 Monaten	Fingernägel 1 mm pro Woche	Fußnägel 1 mm pro Monat

a) Wie viele cm wachsen deine Haare in dieser Zeit ungefähr?

4 Monate	5 cm
6 Monate	7,5 cm
8 Monate	10 cm
1 Jahr	15 cm
2 Jahre	30 cm
4 Jahre	60 cm
10 Jahre	150 cm

b) Wie viele mm wachsen deine Fingernägel in dieser Zeit ungefähr?

1 Woche	1 mm
1 Monat	4 mm
1 Jahr	52 mm
2 Jahre	104 mm
4 Jahre	208 mm
10 Jahre	520 mm

c) Wie viele mm wachsen deine Fußnägel in dieser Zeit ungefähr?

1 Monat	1 mm
1 Jahr	12 mm
2 Jahre	24 mm
4 Jahre	48 mm
10 Jahre	120 mm

② Kinder erfinden Sachaufgaben.

a) Meine Haare sind 10 cm lang. Wie lange dauert es, bis sie doppelt so lang sind?
__Etwa 8 Monate__

b) Meine Haare sind 55 cm lang. Wie lange brauchten sie für ihr Wachstum?
__Etwa 44 Monate (3 Jahre, 8 Monate)__

c) Mein Fingernagel am Daumen ist 1 cm 2 mm lang. Wie lange brauchte er für sein Wachstum?
__Etwa 12 Wochen (3 Monate)__

d) Durch eine Verletzung habe ich meinen Fußnagel am großen Zeh verloren. Wie lange dauert es, bis er wieder auf eine Länge von 1 cm und 4 mm gewachsen ist?
__Etwa 14 Monate (1 Jahr, 2 Monate)__

③ Rekorde

Der Inder Shridhar Chillat besaß den längsten Fingernagel der Welt. Er hat sich 26 Jahre lang seinen Fingernagel nicht geschnitten.

Wie lang war sein Nagel ungefähr?

A: __Sein Nagel war ungefähr 1,40 m lang.__

```
1 Jahr: 52 mm
26 Jahre: 26 · 52
           130
         +  52
          1352
1352mm ≈ 1,40 m
```

①

a) Opa, Vater, Mutter und Sohn sind zusammen 150 Jahre alt. Die Mutter ist 5-mal so alt wie ihr 7-jähriger Sohn. Der Opa ist doppelt so alt wie der Vater. Wie alt ist jeder?

Sohn:	7
Mutter:	35
Vater:	36
Opa:	72

b) Anna, Tobias, Marion, Bernd und Frank vergleichen ihr Alter. Bernd ist 2 Jahre älter als Anna, aber 3 Jahre jünger als Frank. Marion ist ein Jahr älter als Bernd, aber 4 Jahre jünger als Tobias. Anna und Bernd sind zusammen 18 Jahre alt. Wie alt ist jeder?

Anna + Bernd:	18		
Anna:	8	Bernd:	10
Marion:	11	Frank:	13
Tobias:	15		

② Färbe die Zauberhüte mit der richtigen Farbe.

(blau)   (rot)   (gelb)   (braun)   (grün)

– Der rote Hut hat keine Punkte und keine Streifen. Er steht zwischen einem Zahlenhut mit nur geraden Zahlen und einem anderen Hut.
– Auf dem blauen Hut sind nur gerade Zahlen, er steht nicht neben dem Zahlenhut.
– Der grüne Hut hat keine Streifen und keine Sterne. Sein einziger Nachbar ist ein Zahlenhut.
– Der Hut mit nur geraden Zahlen ist gelb.
– Der braune Hut steht nicht neben dem blauen.

③ Zahlenrätsel

Wir wünschen allen Zahlenzauberern …   … schöne Ferien!

```
🏠 + 64 = 100
🌲 = 24
🌲 - 15 = 🍎
```

🏠 __36__   🌲 __60__   🍎 __4__   🍦 __9__   ❄ __3__   🍒 __6__   ☀ __80__   🌙 __5__   🍐 __8__

①

33 809 + 16 696	716 374 + 283 626	619 215 + 510 573	298 675 + 98 676
50 505	1 000 000	1 129 788	397 351

②

6 5 2 4 · 8	1 7 6 · 7	2 1 8 7 · 3	9 2 4 5 · 6
5 2 1 9 2	1 2 3 2	6 5 6 1	5 5 4 7 0

3 2 1 9 · 90	2 9 0 6 · 5	4 6 3 · 4	8 1 0 2 · 3
2 8 9 7 1 0	1 4 5 3 0	1 8 5 2	2 4 3 0 6

③

490 : 7 = __70__   320 : 4 = __80__   2400 : 60 = __40__

450 : 5 = __90__   8100 : 9 = __900__   5600 : 700 = __8__

④ Setze die Rechenzeichen. Denke an „Punkt vor Strich".

a) 3 ⊙ 5 ⊕ 15 = 30   b) 90 ⊙ 3 ⊕ 20 = 50

   9 ⊙ 5 ⊕ 35 = 80   200 ⊙ 4 ⊙ 2 = 100

   400 ⊙ 8 ⊖ 30 = 20   100 ⊙ 5 ⊙ 8 = 160

⑤

400 → ·6 → 2400 → :80 → 30 → ·7 → 210 → +90 → 300

1000 → -650 → 350 → :50 → 7 → ·40 → 280 → -80 → 200

2 → ·60 → 120 → +80 → 200 → :4 → 50 → ·9 → 450

70 → ·80 → 5600 → +400 → 6000 → ·50 → 300 000 → :3 → 100 000

---

① Trage ein.

338 000   356 000   372 000   386 000

320 000   330 000   340 000   350 000   360 000   370 000   380 000   390 000

② Welcher Wurm frisst welchen Apfel?

vierhundertfünfunddreißigtausend → 40 535

vierzehntausenddreihundertfünfunddreißig → 435 000

vierzigtausendfünfhundertfünfunddreißig → 14 335

③ Wie heißt die Zahl?

300 000 + 4 000 + 600 + 30 + 4 = __304 634__

7 000 + 10 + 10 000 + 9 = __17 019__

400 + 30 + 8 000 + 90 000 = __98 430__

④

Vorgänger	Zahl	Nachfolger
1995	1 996	1997
12 018	12 019	12 020
659 999	660 000	660 001

Nachbar-tausender	Zahl	Nachbar-tausender
111 000	111 464	112 000
500 000	500 001	501 000
990 000	990 990	991 000

⑤ Setze die Zahlenfolgen fort.

17 125, 17 131, 17 137, __17 143__, __17 149__, __17 155__, 17 161.

199 089, 199 094, 199 099, __199 104__, __199 109__, __199 114__, 199 119.

30 521, 30 512, 30 503, __30 494__, __30 485__, __30 476__, 30 467.

⑥ Vergleiche: ⟨ < = > ⟩

10 001 < 10 010   5ZT 5T 5Z 5E = 55 055

999 019 > 990 010   70 691 < 7HT 6H 9Z 1E

⑦ Zahlenrätsel

a) Meine Zahl hat die Ziffern 1, 2, 3, 8, 9. Sie ist die kleinste ungerade Zahl, die größer als 32 700, aber kleiner als 32 900 ist.
__32 819__

b) Meine Zahl liegt genau in der Mitte zwischen der kleinsten 7-stelligen Zahl und der kleinsten 6-stelligen Zahl.
__550 000__

Ich habe meinen Kopf tüchtig trainiert!

① Addieren

4 + 5 = __9__   67 + 13 = __80__   395 + 5000 = __5 395__

40 + 50 = __90__   670 + 130 = __800__   395 + 500 = __895__

400 + 500 = __900__   6700 + 1300 = __8000__ 395 + 50 = __445__

4000 + 5000 = __9000__   67 000 + 13 000 = __80 000__   395 + 5 = __400__

② Subtrahieren

16 − 7 = __9__   8000 − 6000 = __2000__   60 − 15 = __45__

160 − 7 = __153__   80 000 − 6002 = __73 998__ 600 − 15 = __585__

1600 − 7 = __1593__   80 000 − 6020 = __73 980__ 6000 − 15 = __5985__

16 000 − 7 = __15 993__ 8000 − 6200 = __1800__   60 000 − 15 = __59 985__

③ Multiplizieren

6 · 8 = __48__   7 · 4 = __28__   4 · 25 = __100__   2 · 250 = __500__

6 · 80 = __480__   7 · 40 = __280__   4 · 250 = __1000__   4 · 125 = __500__

60 · 80 = __4800__   70 · 40 = __2800__ 40 · 25 = __1000__   8 · 125 = __1000__

6 · 800 = __4800__   700 · 4 = __2800__ 20 · 25 = __500__   2 · 500 = __1000__

④ Dividieren

56 : 7 = __8__   32 : 8 = __4__   450 : __5__ = 90   1000 : 2 = __500__

560 : 7 = __80__   320 : 80 = __4__   4500 : __5__ = 900   1000 : 20 = __50__

560 : 70 = __8__   3200 : 8 = __400__   4500 : __50__ = 90   1000 : 4 = __250__

5600 : 70 = __80__   3200 : __80__ = 40   45 000 : __5000__ = 9 1000 : 40 = __25__

⑤

·	100	1 000
56	5 600	56 000
36	3 600	36 000
123	12 300	123 000
40	4 000	40 000

:	100	1 000
42 000	420	42
780 000	7 800	780
10 000	100	10
69 000	690	69

① Schreibe untereinander und rechne.

27 + 638 + 2690   5603 + 36 + 12 509   175 + 11 316 + 5001

	2 7		5 6 0 3		1 7 5
	6 3 8		3 6		1 1 3 1 6
	2 6 9 0		1 2 5 0 9		5 0 0 1
+ 1 1 1		+ 1		+ 1 1
3 3 5 5		1 8 1 4 8		1 6 4 9 2

② Wo steckt ein Fehler? Kreuze an und rechne richtig.

6 366 + 15 248	265 006 + 144 937	64 + 12 644	740 000 13 000 + 6 999
21 604 ☒	409 943 ☐	12 608 ☒	759 996 ☒

6 3 6 6	6 4	7 4 0 0 0 0
1 5 2 4 8	1 2 6 4 4	1 3 0 0 0
+ 1 1 1	+ 1	+ 6 9 9 9
2 1 6 1 4	1 2 7 0 8	7 5 9 9 9 9

③ Schreibe untereinander und subtrahiere.

12 346 − 932   124 017 − 3614   250 008 − 649

1 2 3 4 6	1 2 4 0 1 7	2 5 0 0 0 8
− 9 3 2	− 3 6 1 4	− 6 4 9
1 1 4 1 4	1 2 0 4 0 3	2 4 9 3 5 9

④ Wo steckt ein Fehler? Kreuze an und rechne richtig.

246 553 − 126 492	645 006 − 63 917	163 007 − 2 694	1 000 000 − 638 006
120 161 ☒	581 089 ☐	161 413 ☒	361 994 ☐

2 4 6 5 5 3	1 6 3 0 0 7
− 1 2 6 4 9 2	− 2 6 9 4
1 2 0 0 6 1	1 6 0 3 1 3

①

$2\,7\,4\,1\,2 \cdot 7$	$8\,2\,3 \cdot 4\,7$	$9\,0\,6\,0 \cdot 1\,2\,3$
$1\,9\,1\,8\,8\,4$	$3\,2\,9\,2$	$9\,0\,6\,0$
	$+\ \ 5\,7\,6\,1$	$1\,8\,1\,2\,0\,0$
	$3\,8\,6\,8\,1$	$+\ \ \ \ 2\,7\,1\,8\,0$
		$1\,1\,1\,4\,3\,8\,0$

②

$7\,9\,2 \cdot 8\,0$	$4\,8\,4\,5 \cdot 6\,0\,5$	$5\,8\,0\,9 \cdot 7\,7$
$6\,3\,3\,6\,0$	$2\,9\,0\,7\,0$	$4\,0\,6\,6\,3$
	$+\ \ \ \ 2\,4\,2\,2\,5$	$+\ \ 4\,0\,6\,6\,3$
	$2\,9\,3\,1\,2\,2\,5$	$4\,4\,7\,2\,9\,3$

Ich mache zuerst den Überschlag!

③ Rechne und überprüfe mit der Probe.

Ü: $4\,2\,0\,0 : 6 = 7\,0\,0$
$4\,2\,5\,4 : 6 = 7\,0\,9$
$-\ 4\,2$
$\ \ \ \ 0\,5$
$-\ \ \ 0$
$\ \ \ \ 5\,4$
$-\ \ \ 5\,4$
$\ \ \ \ \ \ 0$

P: $7\,0\,9 \cdot 6$
$4\,2\,5\,4$

Ü: $3\,6\,0\,0\,0 : 9 = 4\,0\,0\,0$
$3\,7\,4\,0\,4 : 9 = 4\,1\,5\,6$
$-\ 3\,6$
$\ \ \ \ 1\,4$
$-\ \ \ \ 9$
$\ \ \ \ \ 5\,0$
$-\ \ \ \ 4\,5$
$\ \ \ \ \ \ 5\,4$
$-\ \ \ \ \ 5\,4$
$\ \ \ \ \ \ \ 0$

P: $4\,1\,5\,6 \cdot 9$
$3\,7\,4\,0\,4$

Ü: $5\,5\,0\,0\,0 : 5 = 1\,1\,0\,0\,0$
$5\,6\,1\,9\,2 : 5 = 1\,1\,2\,3\,8$ R 2
$-\ 5$
$\ \ 0\,6$
$-\ \ \ 5$
$\ \ \ 1\,1$
$-\ \ 1\,0$
$\ \ \ \ 1\,9$
$-\ \ 1\,5$
$\ \ \ \ \ 4\,2$
$-\ \ \ \ 4\,0$
$\ \ \ \ \ \ 2$

P: $1\,1\,2\,3\,8 \cdot 5$
$5\,6\,1\,9\,0$
$5\,6\,1\,9\,0$
$+\ \ \ \ \ \ \ 2$
$5\,6\,1\,9\,2$

Ü: $2\,4\,0\,0\,0 : 8 = 3\,0\,0\,0$
$2\,5\,4\,1\,1 : 8 = 3\,1\,7\,6$ R 3
$-\ 2\,4$
$\ \ \ 1\,4$
$-\ \ \ \ 8$
$\ \ \ \ 6\,1$
$-\ \ \ 5\,6$
$\ \ \ \ \ 5\,1$
$-\ \ \ \ 4\,8$
$\ \ \ \ \ \ 3$

P: $3\,1\,7\,6 \cdot 8$
$2\,5\,4\,0\,8$
$2\,5\,4\,0\,8$
$+\ \ \ \ \ \ \ 3$
$2\,5\,4\,1\,1$

---

① Für ein Bundesliga-Fußballspiel wurden insgesamt 34 578 Eintrittskarten verkauft. Das Stadion fasst 46 000 Zuschauer. Wie viele Plätze waren nicht besetzt?

$\begin{array}{r} {}^{5\ 9\ 9} \\ 4\,6\,0\,0\,0 \\ -\ 3\,4\,5\,7\,8 \\ \hline 1\,1\,4\,2\,2 \end{array}$

A: Es waren 11 422 Plätze nicht besetzt.

② Familie Klein (Eltern, 3 Kinder) bucht eine Flugreise nach Spanien. Für die Erwachsenen und die beiden großen Kinder kostet die Reise jeweils 349 €, die 6-jährige Sarah muss nur 217 € bezahlen. Was kostet die Urlaubsreise für die Familie insgesamt?

$3\,4\,9\,€ \cdot 4$ $1\,3\,9\,6\,€$
$1\,3\,9\,6\,€$ $+\ \ 2\,1\,7\,€$
         $1\,6\,1\,3\,€$

A: Die Urlaubsreise kostet insgesamt 1613 €.

③ Thomas bekommt einen Fußball und Sportschuhe für insgesamt 56 €. Die Schuhe kosten 32 € mehr als der Fußball. Wie viel kostet der Fußball? Wie viel kosten die Schuhe?

$5\,6\,€ - 3\,2\,€ = 2\,4\,€$ $1\,2\,€ + 3\,2\,€ = 4\,4\,€$
$2\,4\,€ : 2 = 1\,2\,€$

A: Der Fußball kostet 12 €, die Schuhe kosten 44 €.

④ Hanna kauft sich ein Buch und eine CD für insgesamt 18 €. Die CD kostet doppelt so viel wie das Buch. Wie viel kostet die CD, wie viel das Buch?

$1\,8\,€ : 3 = 6\,€$
$2 \cdot 6\,€ = 1\,2\,€$

A: Das Buch kostet 6 €, die CD 12 €.

---

① Ergänze.

a) 1 km = 1000 m   0,5 km = 500 m   0,25 km = 250 m   50 m = 0,05 km

b) 0,25 m = 25 cm   0,75 m = 75 cm   0,5 cm = 5 mm   50 cm = 0,50 m

② Zwei Karten gehören zusammen. Färbe sie mit der gleichen Farbe.

500 m   0,75 m   100 m   0,5 km   0,1 km

7,50 m   7 m 50 cm   75 cm   7 m 50 cm   7,05 m

③ Wie lang, wie hoch oder wie breit sind diese Dinge in Wirklichkeit? Verbinde.

Auto   Buch   Regal   Baum   Sportplatz   Daumen

30 cm   4 m   15 m   1 m   100 m   1 cm

④ Zwei Karten gehören wieder zusammen. Färbe sie mit der gleichen Farbe.

30 min   90 min   1 h $1\frac{1}{4}$ h   60 min

$\frac{1}{4}$ h $1\frac{1}{2}$ h   15 min   45 min $\frac{1}{2}$ h

⑤ Wie viele Minuten dauert es …
a) bis zur nächsten vollen Stunde?

11.30 Uhr $\xrightarrow{+\ 30\ \text{min}}$ 12.00 Uhr

12.42 Uhr $\xrightarrow{+\ 18\ \text{min}}$ 13.00 Uhr

b) bis Mitternacht?

18.56 Uhr $\xrightarrow{+\ 4\ \text{min}\ \ \ 5\ \text{h}}$ 24.00 Uhr

7.30 Uhr $\xrightarrow{+\ 30\ \text{min}\ \ \ 16\ \text{h}}$ 24.00 Uhr

⑥ Ergänze die Tabelle.

Sonnenaufgang	So lange scheint die Sonne	Sonnenuntergang
5.12 Uhr	14 h 38 min	19.50 Uhr
6.28 Uhr	12 h 2 min	18.30 Uhr
6.41 Uhr	10 h 39 min	17.20 Uhr

---

① Frau Müller kauft ein.

a) Ordne nach dem Gewicht. Beginne mit dem kleinsten.

250 g   750 g   1 kg   1,2 kg   2000 g $2\frac{1}{2}$ kg

b) Sie packt alles in eine Einkaufstasche. Die Tasche wiegt 750 g. Welches Gewicht muss Frau Müller tragen?

$2\,5\,0\,g + 7\,5\,0\,g = 1\,k\,g$
$1\,k\,g + 1\,k\,g + 1,2\,k\,g + 2\,k\,g + 2,5\,k\,g = 7,7\,k\,g$
$7\,7\,0\,0\,g + 7\,5\,0\,g = 8\,4\,5\,0\,g = 8\,4\,5\,0\,k\,g$

A: Frau Müller muss 8,450 kg tragen.

c) Beim nächsten Einkauf muss Frau Müller ein Gewicht von 4 kg 750 g tragen. Sie hat nur 2 Dinge gekauft. Was hat sie in ihrer Tasche?

$4\,k\,g\,7\,5\,0\,g - 7\,5\,0\,g = 4\,k\,g$
$2\,0\,0\,0\,g + 2\,0\,0\,0\,g = 4\,0\,0\,0\,g = 4\,k\,g$

A: Sie hat 2 Brote in ihrer Tasche.

② Fülle die Wasserkannen mit der angegebenen Menge. Zeichne ein.

1 l $\frac{1}{2}$ l $\frac{1}{4}$ l $\frac{3}{4}$ l $\frac{2}{4}$ l $\frac{1}{8}$ l

③ Immer 1 Liter

	750 ml	500 ml	300 ml	250 ml	200 ml	100 ml
1 l	1	–	–	1	–	–
1 l	–	1	1	–	1	–
1 l	–	1	–	–	1	3
1 l	–	1	–	–	2	1

① Vergleiche die Flächen beider Figuren.
 a) Welche Fläche ist größer? Male sie an.

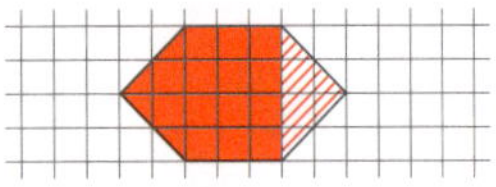

__20__ Einzelquadrate 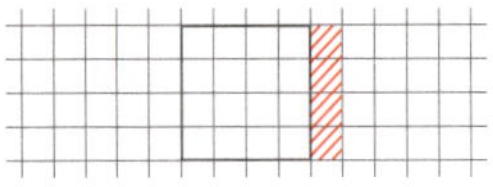   __16__ Einzelquadrate

 b) Vergrößere die kleinere Figur so, dass beide Flächen gleich groß sind.

 c) Verkleinere die größere Figur so, dass sie wieder gleich groß sind.

② Zeichne alle möglichen Symmetrieachsen ein.

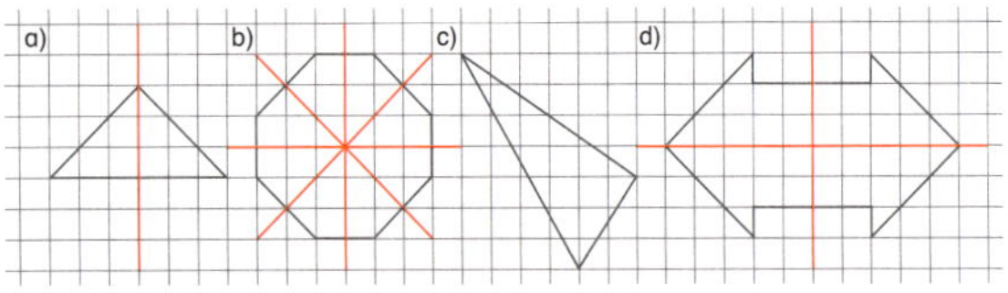

a)   b)   c)   d)

③ Setze diese Ornamente mit Lineal und Zirkel fort.

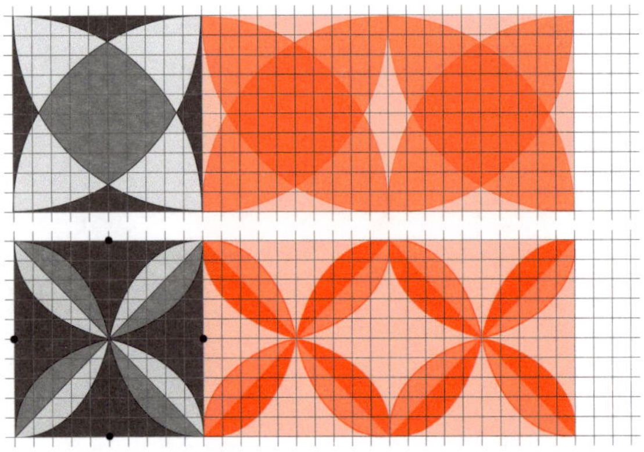

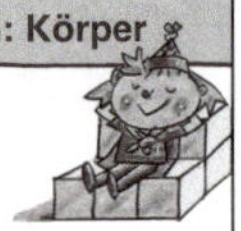

① Aus wie vielen Würfeln bestehen diese Bauwerke?

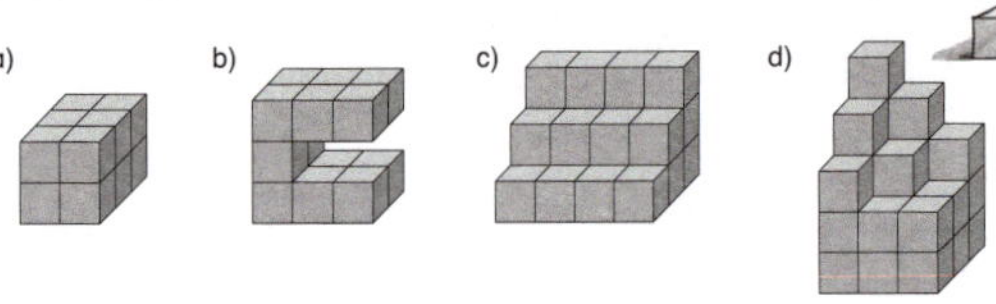

a)   b)   c)   d)

__12__ Würfel   __14__ Würfel   __24__ Würfel   __28__ Würfel

② Welcher Bauplan passt zu welchem Würfelgebäude? Verbinde.
 Fülle den leeren Bauplan aus.

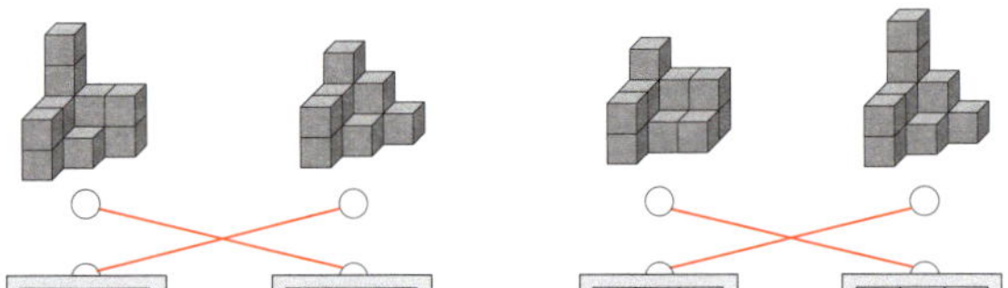

3	2	1
2	1	
2		

4	2	2
2	1	
2		

4	2	1
2	1	
2		

3	2	2
2	1	1
2		

③ Würfel flicken
 Wie viele kleine Würfel musst du jeweils mindestens ergänzen,
 damit ein großer Würfel entsteht?

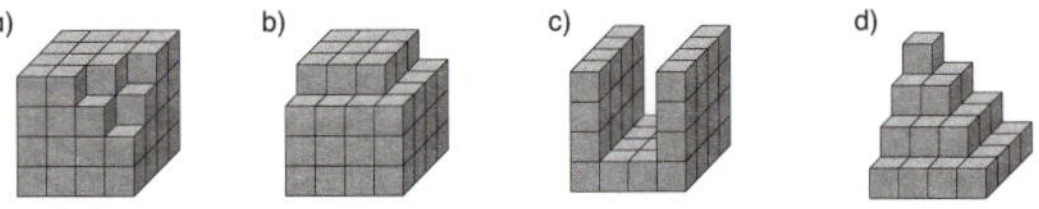

a)   b)   c)   d)

__4__ Würfel   __7__ Würfel   __24__ Würfel   __34__ Würfel

Große Stadien in der Welt –
Zuschauerplätze je Stadion (gerundet)

Nissan Stadion (Yokohama):	73 000
Maracaná Stadion (Rio de Janeiro):	103 000
NOU Camp (Barcelona):	100 000
Guiseppe-Meazza Stadion (Mailand):	85 000
Olympiastadion (Berlin):	76 000

① Runde auf volle Zehntausender. Erstelle ein Balkendiagramm.

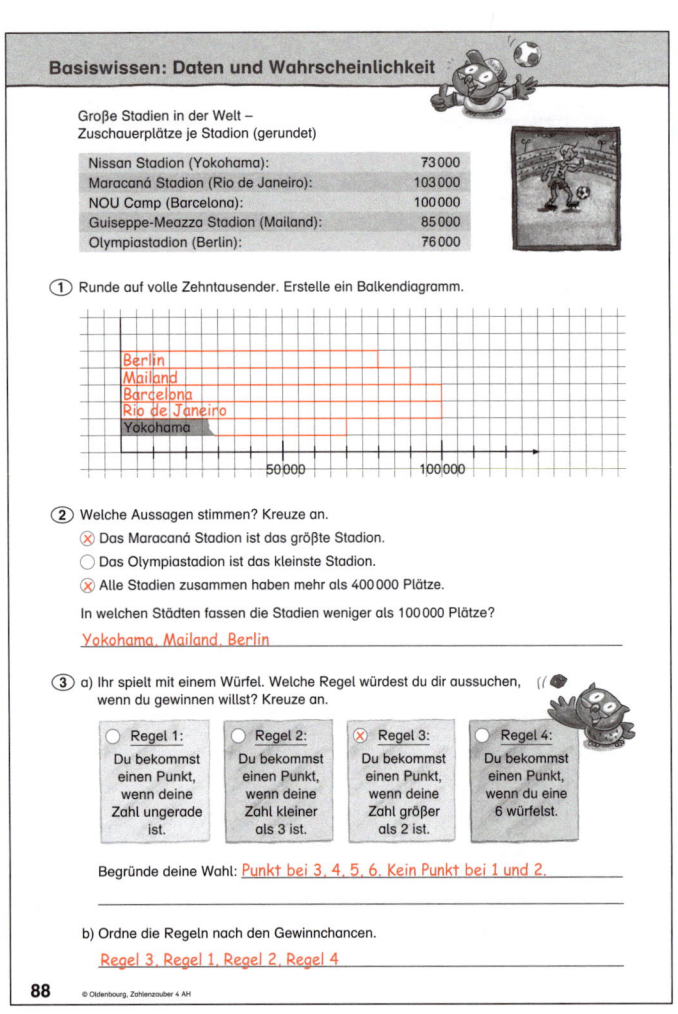

Berlin
Mailand
Barcelona
Rio de Janeiro
Yokohama

50 000   100 000

② Welche Aussagen stimmen? Kreuze an.
 ⊗ Das Maracaná Stadion ist das größte Stadion.
 ◯ Das Olympiastadion ist das kleinste Stadion.
 ⊗ Alle Stadien zusammen haben mehr als 400 000 Plätze.

 In welchen Städten fassen die Stadien weniger als 100 000 Plätze?

 Yokohama, Mailand, Berlin

③ a) Ihr spielt mit einem Würfel. Welche Regel würdest du dir aussuchen,
 wenn du gewinnen willst? Kreuze an.

| ◯ Regel 1: | ◯ Regel 2: | ⊗ Regel 3: | ◯ Regel 4: |
| Du bekommst einen Punkt, wenn deine Zahl ungerade ist. | Du bekommst einen Punkt, wenn deine Zahl kleiner als 3 ist. | Du bekommst einen Punkt, wenn deine Zahl größer als 2 ist. | Du bekommst einen Punkt, wenn du eine 6 würfelst. |

 Begründe deine Wahl: _Punkt bei 3, 4, 5, 6. Kein Punkt bei 1 und 2._

 b) Ordne die Regeln nach den Gewinnchancen.
 Regel 3, Regel 1, Regel 2, Regel 4